CB061450

Estilo & Atitude

Reflexos da moda: século XIX ao século XXI

Mônica Ayub

Estilo & Atitude

Reflexos da moda:
século XIX ao século XXI

Labrador

Copyright © 2017 Mônica Ayub
Todos os direitos desta edição reservados à Editora Labrador.

TEXTO
Mônica Ayub
1714 – DRT-PE

ASSISTENTE E *COPYDESK*
Mônica Ayub
Felipe Durand
Beatriz Simões

PESQUISA
Mônica Ayub
Felipe Durand
Beatriz Simões
Vivian Tarallo
Leticia Palaria

COORDENAÇÃO EDITORIAL
Beatriz Simões

PROJETO GRÁFICO, DIAGRAMAÇÃO E CAPA
Caio Cardoso

REVISÃO
Perfekta Soluções Editoriais
Lívia Costa
Laura Folgueira

Dados Internacionais de Catalogação na Publicação (CIP)
Andreia de Almeida CRB-8/7889

Ayub, Mônica
    Estilo e atitude – Reflexos da moda: século XIX ao século XXI / Mônica Ayub. – São Paulo : Labrador, 2017.
    232 p. : il., color.

Bibliografia
ISBN 978-85-93058-30-1

1. Moda 2. Moda - História 3. Vestuário - Usos e costumes I. Título

17-0777   CDD 391.9

Índices para catálogo sistemático:
1. Moda - História

Editora Labrador
Rua Dr. José Elias, 520 - sala 1 - Alto da Lapa
05083-030 - São Paulo - SP
Telefone: +55 (11) 3641-7446
Site: http://www.editoralabrador.com.br
E-mail: contato@editoralabrador.com.br

A reprodução de qualquer parte desta obra é ilegal e configura uma apropriação indevida dos direitos intelectuais e patrimoniais do autor.

Todos os esforços foram feitos para reconhecer os direitos autorais e de imagem das fotografias presentes nesta obra. A editora agradece qualquer informação relativa à autoria, titularidade e/ou outros dados que estejam incompletos nesta edição e se compromete a incluí-los nas futuras reimpressões.

Este livro é dedicado aos meus filhos, Adriana e João Paulo, e ao meu neto, Ian, que tantas alegrias e apoio me dão em tudo o que faço – e já fiz – na minha carreira de jornalista.

Tenho muito orgulho de ser a mãe de duas pessoas maravilhosas que seguem caminhos diferentes, mas que procuram sempre a paz de espírito, a verdadeira felicidade. E do meu neto Ian, que veio alegrar ainda mais meus dias.

SUMÁRIO

- 8 — *Highlights*
- 11 — Conversa entre amigas
- 12 — Uma visão do conceito *fashion*
- 22 — O que era ontem...
- 30 — *Belle Époque* – 1890 a 1914
- 38 — Anos 20
- 42 — Chanel
- 54 — Apenas lembranças dos velhos tempos
- 60 — Anos 30

66	Anos 40
76	Anos 50
86	Anos 60
100	Anos 70
118	Anos 80
130	Anos 90
152	Anos 2000
168	Um *case* de sucesso: sandálias Havaianas
176	Quem é quem em Estilo & Atitude
186	Com que roupa eu vou?
196	Quando o *dress code* não pode falhar
204	O que é certo e o que é errado?
224	Considerações finais
227	O luxo, segundo Voltaire
229	Agradecimentos
230	Referências

HIGHLIGHTS

Anos 20: uma louca década

Miss Kate/Clyde Fitch/Domínio público

Chanel

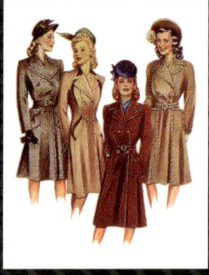

Dreamstime

Anos 30: a guerra e a moda

Fonte desconhecida

Anos 50: os anos dourados

Fonte desconhecida

Anos 60: a revolução da história e dos costumes

Domínio público

Anos 80: a década do exagero

Kristina Konovalova/Shutterstock

Anos 90: o despojamento

Domínio público

Anos 2000:
Estilo & Atitude

HighKey/Shutterstock

Reposicionamento de marca: um *case* de sucesso

Divulgação

Quem tem
Estilo & Atitude

Bernard Boyé/Wikimedia

TYTJEANS/Pixabay

Com que roupa eu vou?

Jamie Rose/Pextpanoply

Vasilchenko Nikita/Shutterstock

Certo x errado

Repetir roupa
é chique!

Character Maker/Shutterstock

O luxo,
por Voltaire

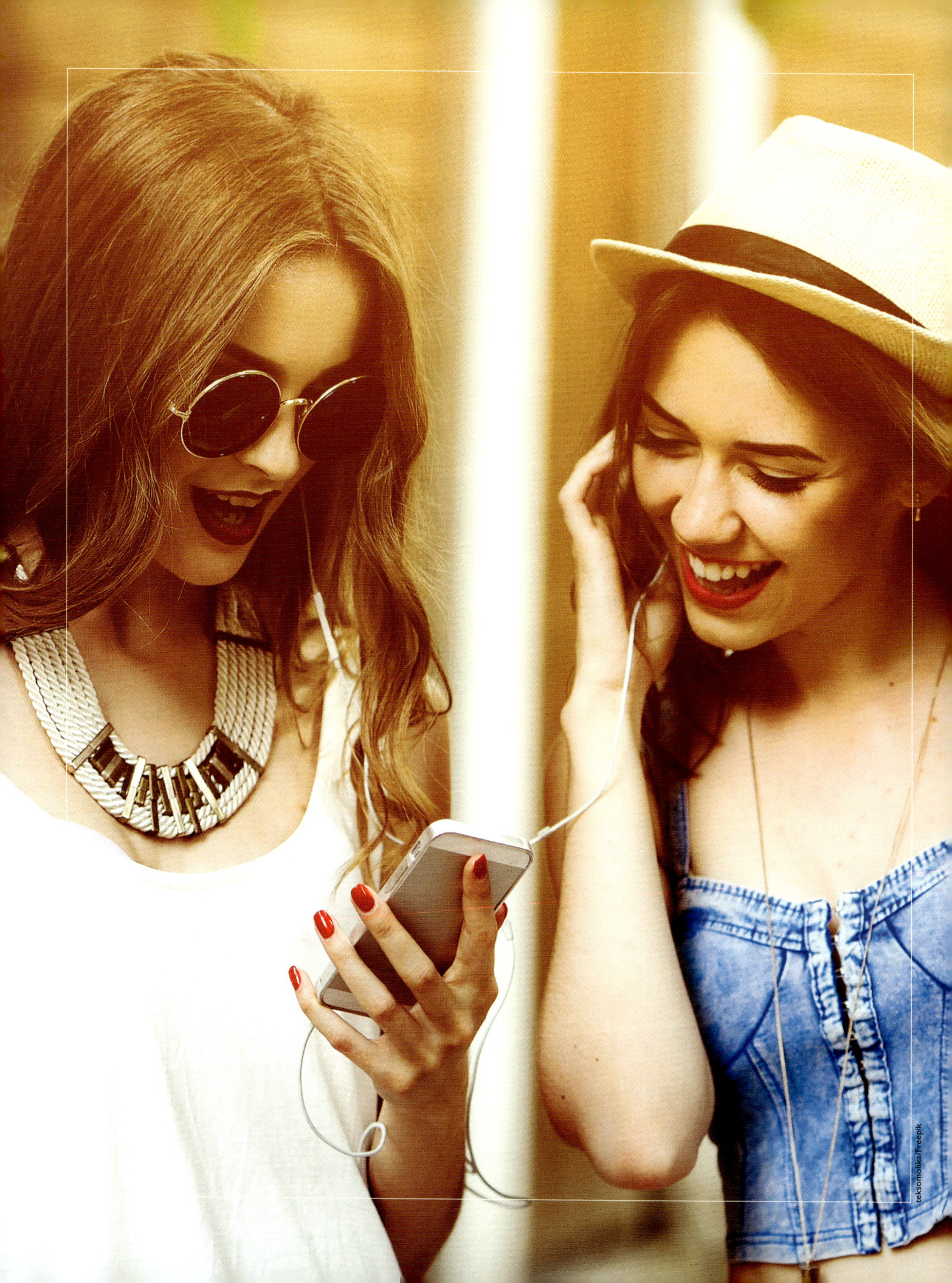
teksomolika/Freepik

CONVERSA ENTRE AMIGAS

Sempre que se fala em moda, Estilo & Atitude, as pessoas ficam sem saber direito a que se referem essas palavrinhas. Ou, então, numa atitude mais "sabichona", acreditam que já sabem o que significam. Afinal, todos nós nos vestimos, correto? Errado! Todos nós nos cobrimos – não se pode andar nu por aí, ou o que seria do mundo?

A palavra **moda**, que vem do latim *modus*, é um fenômeno sociocultural que expressa os hábitos e costumes de cada tempo. É uma linguagem não verbal, com significado de diferenciação, quer seja por classes sociais, quer seja por nichos e tribos das mais diversas correntes de pensamento e costumes.

Este livro pretende apenas dar um rumo para quem quer ter estilo e segurança ao se vestir, não importando qual seja o *look*. Exatamente por isso os capítulos são divididos por décadas, o que facilita a leitura.

Dessa forma, se quiser ir direto aos anos 50, sem problemas. Você perceberá que a década começa e termina no mesmo capítulo. Sendo assim, poderá procurar pelo que mais lhe interessa e deixar para ler o restante depois.

> "A moda passa. O estilo permanece."
> – Gabrielle "Coco" Bonheur Chanel

Desde a Era Vitoriana, a moda está inserida num contexto histórico, político e econômico e é apenas e tão somente o reflexo disso.

Será com base nessa contextualização dividida em décadas que perceberemos a razão de cada *look*, abordando cada movimento e grupo.

Uma visão do conceito fashion

A moda serve a diversas razões: climáticas (adaptando-se ao frio ou ao calor); profissionais (uniformes para policiais, garis, recepcionistas; jalecos para médicos; togas para magistrados de cortes superiores etc.); religiosas (o uso do *niqab* – véu que deixa apenas os olhos à mostra – nas comunidades muçulmanas, que também utilizam a burca para cobrir as mulheres dos pés à cabeça). Na Igreja Católica, até o final dos anos 70, o costume era o uso do véu de tule: branco para mulheres solteiras, numa alusão direta à virgindade, e preto para as casadas.

Benjamin Combs/Polarfox

Reflexo e referência de uma sociedade, o modo de se vestir foca o conforto e a elevação da autoestima. E bem importante: um único detalhe leva-nos a identificar o nicho social e, por conseguinte, alguns hábitos e costumes deste mesmo grupo, provando, de forma cabal, que a moda é o espelho do contexto social e econômico de cada etnia, religião, época histórica... Ou uma *mélange* de tudo isso.

Moda não é apenas "lançar" produtos. É, ao menos, tentar criar um estilo, algo que as pessoas ainda nem sabem que desejam, mas logo adotam como parte da vida. Um grande exemplo disso é o que dizia Steve Jobs: "É preciso criar uma necessidade que as pessoas nem sabem ainda que precisam". A frase cabe perfeitamente na definição de *moda*. Assim como a Apple deixou de ser apenas um logotipo para se tornar objeto de desejo, não importa qual o produto, a moda tenta a cada estação fazer o mesmo.

Há, entretanto, um ponto comum nessa necessidade que nos impomos: trata-se da questão psicológica, talvez a mais importante de todas. As pessoas escolhem uma roupa com a intenção de melhorar o humor, preencher o vazio de uma depressão ou alguma doença psicológica (olha o consumismo ocidental aí, gente!), atrair os olhares de outras pessoas etc. Com essa intenção, surge a moda de protesto, um tipo de roupa de "tribos", como os *punks*, metaleiros, músicos e mesmo pessoas comuns que utilizam camisetas com *slogans* provocativos.

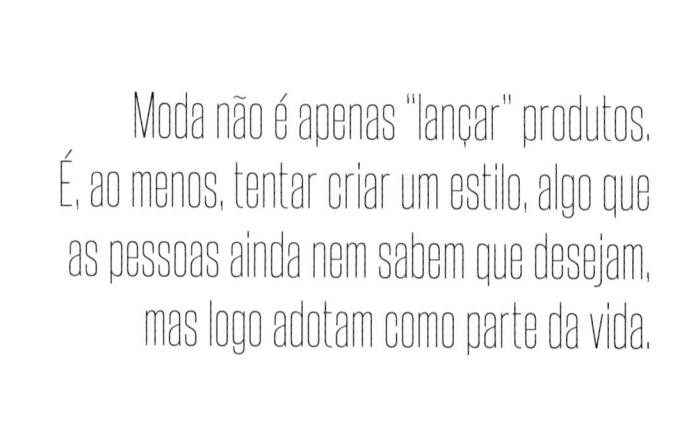

> Moda não é apenas "lançar" produtos. É, ao menos, tentar criar um estilo, algo que as pessoas ainda nem sabem que desejam, mas logo adotam como parte da vida.

Abordar – e usar – *slogans* é uma forma de provocar; fazer rir; marcar posição; opinar; atrair olhares.

Alguns são eternos, como o do prêmio Profissionais do Ano da Rede Globo:

Nada substitui o talento.

Ou o da revista *Marie Claire*:

Chique é ser inteligente.

Que tal entrar na onda das *hashtags*:

#PRONTOFALEI
#NÃOQUEROTERRAZÃO
#QUEROÉSERFELIZ
#MEXEUCOMUMAMEXEUCOMTODAS

Invente a sua e escreva na sua *T-shirt* como você quiser. Assim nasce o estilo.

> As camisetas-protesto são um filão mercadológico há muito explorado, assim como a impressão de telas e desenhos de artistas famosos em *T-shirts*.

As camisetas-protesto são um filão mercadológico há muito explorado, assim como a impressão de telas e desenhos de artistas famosos em *T-shirts*. Não há lojinha de museu no mundo que não venda camisetas com pinturas famosas, como *Mona Lisa*, de Leonardo Da Vinci, ou os famosos relógios do espanhol Salvador Dalí.

Depois de uma ditadura de séculos, de acordo com os costumes de cada época, a moda também acreditou na democracia das ruas e foi beber de sua fonte. Hoje o que se vê, mesmo com as tendências mais esdrúxulas ou conservadoras, é a necessidade de se sentir bem, de estar feliz com o que se veste. Isso é estilo. É marcante; por isso, é pessoal.

Ter estilo é ser único, assim como a impressão digital. Nenhuma das mulheres mais estilosas do mundo pode ser comparada com outras. Por um motivo simples: elas são únicas, assim como os homens. Só há um Brad Pitt, uma Angelina Jolie, um George Clooney, um Rodrigo Santoro (que lástima!). Mas mercado é mercado. E estilo não se compra, aperfeiçoa-se.

Há pessoas que acreditam que beleza é estilo. Nada mais equivocado. Basta lembrar-se de exemplos como a fabulosa artista mexicana Frida Kahlo, que não era um ícone de beleza e ainda tinha problemas sérios de saúde, mas foi a paixão da vida de grandes homens da história contemporânea; Leon Trótsky, um dos mentores da Revolução Russa que precisaram fugir devido a problemas éticos e morais com Lênin e que, posteriormente, foi assassinado a mando do sanguinário Josef Stálin; e Diego Rivera, outro grande artista mexicano de fama internacional.

Gisele Bündchen.

Frida Kahlo.

Outro exemplo de mulher de estilo, mas sem a beleza à la Gisele Bündchen, é Barbra Streisand, que fez de seu peculiar nariz sua marca registrada.

Mesmo Audrey Hepburn, um tipo para lá de *mignon* (bem baixinha), era bonita, mas obscurecia seus defeitos com suas qualidades de beleza marcantes, como o queixo quadrado e os olhos sempre brilhantes. Virou ícone, mas não por acaso.

Já Marilyn Monroe passou pelo mundo como símbolo sexual, mas e o seu estilo? Sua atitude? Alguém se lembra? Não havia nada além de sua beleza exterior e seus problemas com a depressão.

> Audrey Hepburn obscurecia seus defeitos com suas qualidades de beleza marcantes.

Dominio público

Este livro não tem a presunção ou intenção de ensinar o passo a passo do estilo, mesmo porque seria algo *nonsense*, já que estilo é algo único, personalizado e só tem quem se ama da forma que é. Não importam suas características físicas, o que importa é sua autoestima, fundamental na hora de definir seu estilo e suas atitudes.

Abordar um pouco mais sobre o que é moda e os movimentos *fashion* por década, desde a Era Vitoriana até os nossos dias, é o que pretende este livro. Este relato rápido e leve tem apenas um objetivo: conseguir que você, leitor ou leitora, acredite que há – e pode ter certeza de que há – um momento da moda com o qual você pode se identificar.

Tratar o aspecto sociológico da moda no cotidiano é apenas mais uma informação interessante e, também, tira o estereótipo de que moda é fútil e supérflua (não, definitivamente não é). Além de ser uma indústria globalizada que fatura bilhões de dólares com centenas de milhões de empregos em todas as partes do mundo, a moda é o melhor jeito que temos de nos expressar. De todas as informações abordadas neste livro, fique com a melhor: olhe-se e goste do que vê no espelho, pois é este o melhor caminho para o aperfeiçoamento do seu estilo.

São poucas as pessoas que sabem se vestir e estar à vontade consigo mesmas e com sua vestimenta. Isso é exceção à regra, pois a empolgação das vitrines nos faz cometer pecados e sacrilégios que, em sã consciência ou sabedoria, jamais cometeríamos.

Mas e aqueles e aquelas que sabem o que estão vestindo e sentem-se realmente à vontade? Sabem o que estão fazendo? Estão em paz consigo mesmos? Estão trabalhando a seu próprio favor? Nem sempre.

Estar à vontade pode significar usar um moletom velho e gostoso, mas nem por isso você deve sair às ruas com ele. No entanto, muita gente sai portando uma roupa de grife como se estivesse com um velho moletom. Na verdade, estão apenas trocando os pés pelas mãos.

Como saber qual é o seu estilo?

Como saber qual é a atitude adequada para cada lugar aonde vai?

Como ser você mesmo e sentir-se confortável com o que está vestindo?

Idade tem a ver com estilo?

Como resolver isso e ser feliz?

É o que você vai aprender com este livro e assim reconhecer qual é o seu perfil.

Depois disso, viva (e vista-se) sem medo de ser feliz!

O que era ontem...

Faremos uma visita à Era Vitoriana – século XIX –, passando por várias décadas, até chegar aos dias atuais. Uma viagem de curta duração, mas que trará conhecimento suficiente para que possamos ir adiante e conseguir perceber qual é o nosso estilo, com convicção na decisão tomada, sem medo de errar. Isso é atitude!

VictorianLady/Pixabay

Como uma peça teatral sem texto, a moda de cada época é a síntese do momento histórico.

SÉCULO XIX - MONARCAS E BURGUESES

O século XIX foi das monarquias: Napoleão III, na França, e Vitória, na Inglaterra. A Revolução Industrial ia de vento em popa e a burguesia gozava de imenso prestígio. Podia-se consumir o que se quisesse, pois o trabalho ganhava mais e mais importância. Os empreendedores, dessa forma, enriqueciam rapidamente com suas inovações.

Toda essa prosperidade material, é claro, refletiu-se na moda. Aliás, uma informação importante: a moda nada mais é do que o reflexo de seu tempo. Como uma peça teatral sem texto, a moda de cada época é a síntese do momento histórico.

Nessa opulência toda, a moda precisava ser vistosa, chamativa e o que não faltava nos idos de 1850 era o uso da criolina, um tecido feito à base de crina de cavalo mesclado ao algodão ou ao linho. Era rijo e flexível ao mesmo tempo. As saias eram imensamente rodadas, com o uso de aros de metal, chamados *cage* – literalmente, gaiola, prisão. Veremos o porquê.

Decotes profundos – e Pitanguy nem existia ainda! – elevavam os seios e deixavam o colo aparente. Tecidos como seda, tafetá, brocado (ai, que calor!) e musselina também eram muito usados, pois traduziam a riqueza financeira daqueles tempos. A burguesa nova rica vestia-se tal e qual às nobres e aristocratas.

Na década de 1850 surgia a alta-costura com Charles Frederick Worth, que vestia Eugênia de Montijo, mulher de Napoleão III.

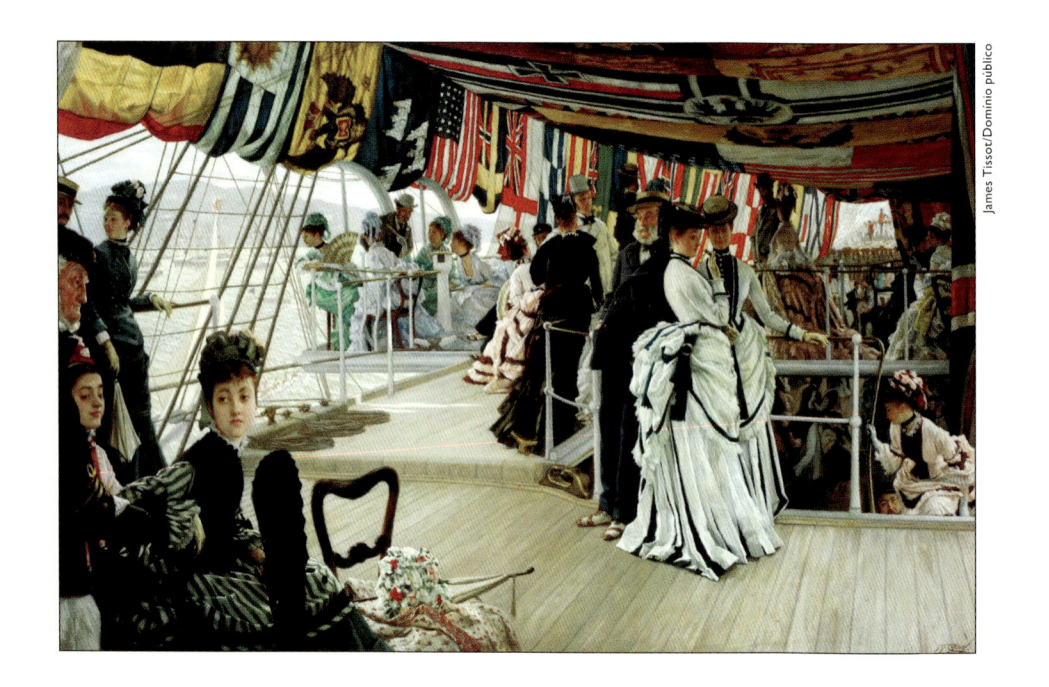

O típico estilista do século XIX criava simplesmente releituras do *streetwear*; mesmo assim, foi nessa época que o prestígio de artista surgiu na profissão. O criador ditava seu gosto e as formas que achava adequadas para ousar e inovar o guarda-roupa da nobreza.

Na mesma época, surgia a roupa social para que o homem pudesse vestir-se com esmero, em estilo bastante sóbrio e sério, para o trabalho, sem muita variedade no guarda-roupa (algo que, em certas ocasiões, perdura até os dias de hoje). Para os homens, apenas gravata e cartola. Para as mulheres, TUDO!!!

Worth mudou um pouco aquele monte de tecido, mas manteve o espartilho, que ficou mais apertado. Com o passar do tempo, Worth decidiu mudar o formato da silhueta feminina. Deixou a frente mais reta e a parte posterior mais volumosa e circular. É o famoso vestido de cauda da atualidade, só que sem espartilhos e sem aquele volume no bumbum feito pelos babados e tecidos. Havia as "anquinhas" fabricadas com crina de cavalo ou de arcos de metal, para dar o efeito de bumbum para cima.

Sapato da Era Vitoriana – atualíssimo.

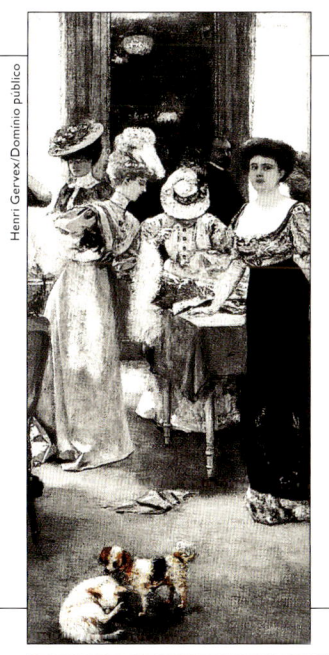

Ancas pronunciadas (*derrière* alto) – Era Vitoriana.

Vestido *devant droit* (frente reta) e *derrière* alto, criação de Worth.

Atualmente, as mulheres preferem o silicone para criar esse efeito, o que não deixa de ser uma forma de voltar no tempo, mas de maneira mais radical. Será que vale a pena?

No novo formato, os vestidos continuaram fechados e sisudos, bem de acordo com a rainha Vitória, considerada austera mesmo naquela época.

Chapéus, babados, nervuras, tecidos sobrepostos, era uma mistura só, seguida de perto por toda a Europa e o Novo Mundo. Imagine as mulheres da corte e as burguesas no Rio de Janeiro em uma temperatura de 40 graus centígrados com essa vestimenta. Só podiam desmaiar por qualquer motivo, até mesmo por um acesso de riso. Talvez venha daí a famosa expressão "sexo frágil" (pudera!). O calor dos trópicos já era insano naquela época. E passava-se muito calor, pois os tecidos eram os utilizados para cortinas ou estofados, ou seja, pesados e grossos, que aumentavam a sensação de calor.

Enquanto as mulheres carregavam tecidos e mais tecidos, "ancas" de metal, chapéus, babados, rendas, sombrinhas e usavam saltos altos, os homens eram bem mais práticos e previsíveis, com suas cartolas, coletes e roupas de cores sóbrias.

> Chapéus, babados, nervuras, tecidos sobrepostos, era uma mistura só, seguida de perto por toda a Europa e o Novo Mundo.

Belle Époque
1890 a 1914

Tudo mudou no final do século XIX. A *Belle Époque* surgia em todo o seu esplendor, já refletindo as mudanças políticas e econômicas que se iniciavam. Os russos começavam a conflagração, com os bolcheviques "atiçando" os campos. Mas muita água ainda rolaria por baixo dessa ponte até que houvesse, de fato, uma mudança generalizada, incluindo novas fronteiras.

Jean Béraud/Domínio público

O final do século XIX e o início do século XX mostram exatamente como a sociedade estava propensa a interagir com fatos novos, que eram refletidos nas roupas. Daí o gosto pelo curvilíneo, orgânico, ornamental da *Art Nouveau*, na França, e da *Modern Art*, na Inglaterra.

A arquitetura também foi símbolo da diversidade daquele tempo, com suas volutas e seus arcos. Ao visualizar um edifício da época, tem-se a nítida impressão de estar vendo uma peça do vestuário, tal sua dimensão opulenta.

A moda reflete o *Art Nouveau* na linha curva de sua modelagem, com cintura superfina (o ideal era ter 40 cm de cintura; é possível?). As mulheres faziam cirurgia para serrar costelas e poder apertar ainda mais o espartilho. Foi a era da chamada "silhueta ampulheta".

Há ainda resquícios do século XIX no movimento da *Belle Époque*. Num primeiro momento, com herança forte da Era Vitoriana e, num segundo momento, com ideais de reforma e inovação.

Com todas as mudanças, nunca o corpo feminino esteve envolto em tanto tecido, cobrindo-lhe praticamente todas as partes.

O espartilho, mais do que nunca, é a grande vedete dessa época. É bom lembrar que a peça era o *must* do estilista da imperatriz Eugênia de Montijo, mulher de Napoleão III, lá pelos idos de 1858.

A cintura mínima e a mulher coberta dos pés à cabeça.

"O bumbum empinou com as anquinhas; as cinturinhas afuniladas como nunca antes tinham sido – o ideal era ter apenas 40 cm de circunferência. Assim, desenhou-se um 'S' na silhueta feminina."

— Lu Morazzi,
consultora de moda, empresária e blogueira

IR À PRAIA NÃO ERA NADA FÁCIL

Também foi nessa época que os banhos de mar deixaram de ser apenas terapêuticos para se tornar uma fonte de lazer. As roupas de banho eram parecidas com as que usamos hoje, no século XXI, nas ruas, deixando apenas braços e pernas de fora. As regras eram rígidas e o comprimento dos maiôs era medido *in loco*. Até o sol era mensurado. As mulheres podiam se expor só até certa hora. Depois desse horário era considerado "indecente" permanecer na praia. Mesmo assim, algumas se arriscavam, mas eram malvistas posteriormente, pois era tabu mostrar tanto o corpo à época. (Que indecência! Que escândalo!)

Com a origem da bicicleta, a mulher ainda passou pela invenção de uma enorme saia-calção, que ia até o tornozelo e era bufante para que se pudesse andar com mais conforto. Tudo muito complicado ainda, mas deixando o corpo feminino um pouco mais livre dos apertos.

Roupas de banho na *Belle Époque*.

MODA MASCULINA

O cabelo, a barba e o bigode enorme pouco mudaram do século XIX para o início do século XX. Cabelos repartidos, penteados para trás, mas sempre um tanto oleosos por causa da gordura que se usava, já que ainda não existia o gel. Os homens se orgulhavam de suas barbas e longos bigodes, pois acreditavam na "distinção" e "elegância" da forma.

> ## POUCO MUDOU
> Os exageros foram deixados de lado e o terno prevaleceu, além dos acessórios indispensáveis na época: cartola e bengala.
>
> E, daí em diante, a mudança continuou muito pequena.
>
> Foi o início da prática esportiva, de maneira tímida ainda, que começou a mudar esse aspecto do vestuário masculino, especialmente devido ao tênis, à peteca e à equitação, que pediam roupas adequadas às práticas.
>
> Aliás, até hoje, a roupa masculina é insossa perto da feminina. Há quem goste de cores berrantes para homens, mas a maioria sempre se vestiu de maneira sóbria e com um ar de seriedade, para fortalecer o aspecto "provedor da família".

Clker-Free-Vector-Images/Pixabay

A EVOLUÇÃO DO VESTIDO DA ERA VITORIANA PARA A *BELLE ÉPOQUE*

Durante certo tempo, a Era Vitoriana e a *Belle Époque* se confundiram, especialmente com o uso tradicional do espartilho, que ficou mais intenso na *Belle Époque*. No entanto, já em 1910, as mulheres começaram a optar por mais conforto. O mundo estava mudando, as escaramuças entre o Império Otomano, a Rússia e o Ocidente indicavam uma guerra de grandes proporções em pouco tempo. Uma época turbulenta e, não por acaso, o assassinato do Arquiduque Ferdinand, na Sérvia, deflagrou, talvez, a mais sangrenta de todas as guerras, incluindo no rol a Segunda Guerra Mundial.

De acordo com Lu Morazzi, "o cancã era sucesso no *Moulin Rouge*, templo da boemia parisiense, o absinto era a bebida do momento, artistas como Alphonse Mucha e Toulouse-Lautrec criavam rótulos e cartazes da época. Esse período foi de profundas mudanças para a cultura e o modo de pensar, solo fértil para as inovações".

No *Moulin Rouge*, o artista Toulouse-Lautrec desenhava os costumes dessa era de ouro na França. A Torre Eiffel estava em construção para a grande Feira Mundial.

E vamos para os loucos anos 20...

> Artistas como Alphonse Mucha e Toulouse-Lautrec criavam rótulos e cartazes da época.

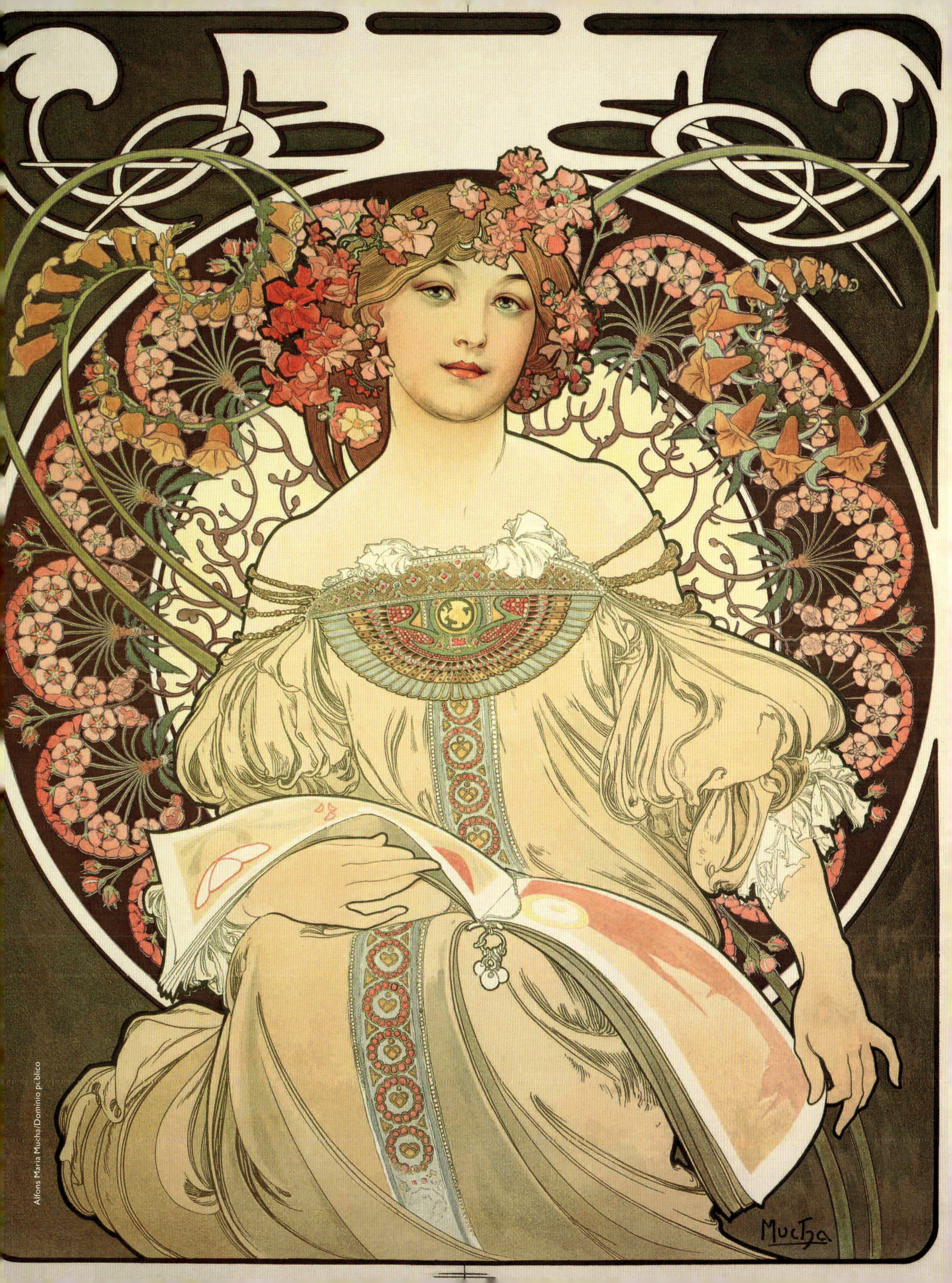
Mucha

Os loucos anos 20

A Primeira Guerra Mundial havia feito estragos demais no mundo. As fronteiras mudaram, as pessoas mudaram, o mundo inteiro mudou. A época de reis e rainhas caiu por terra com o fuzilamento da família do czar, na Rússia. Monarquia, a partir de então, era "apenas para inglês ver".

Everett Collection/Shutterstock.com

A moda refletiu essa mudança radical na forma e no conteúdo. Durante a guerra, as mulheres foram para a frente de trabalho. Se antes quadris e seios se destacavam, agora a conversa era outra. Antes, vestida de cima a baixo. Agora, vestida de maneira tubular, com ombros e costas à mostra. Tempos mais leves, numa Europa saída da guerra mais sangrenta da história, só comparável à Síria de hoje.

Poucas foram as mulheres que estavam no *front*, geralmente enfermeiras e secretárias. A década terminou com o maior *crash* da Bolsa de Nova York, levando milhares de pessoas à falência e desencadeando a maior crise econômico-financeira de todos os tempos – ainda maior que a crise de 2008, que afundou o mercado imobiliário americano e deixou o mundo a ver navios. Falaremos disso nos anos 2000.

O *crash* de 1929 já era o prenúncio de mais *bad news* (ascensão de Hitler, em 1933, e holocausto).

A década de 20 provou como a moda reflete todo o contexto histórico, tanto na mudança de comportamento quanto na forma de vestir, acompanhando os desdobramentos políticos e econômicos de uma era.

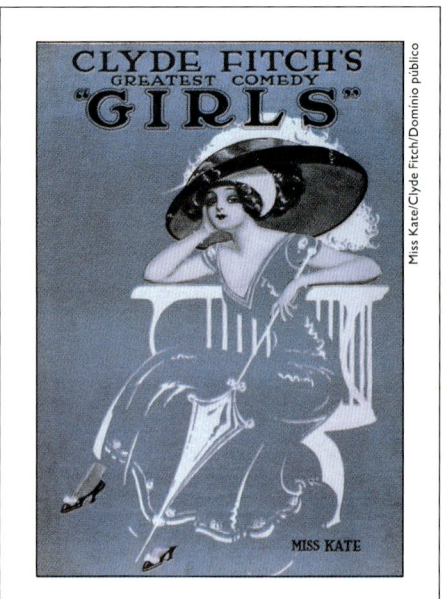

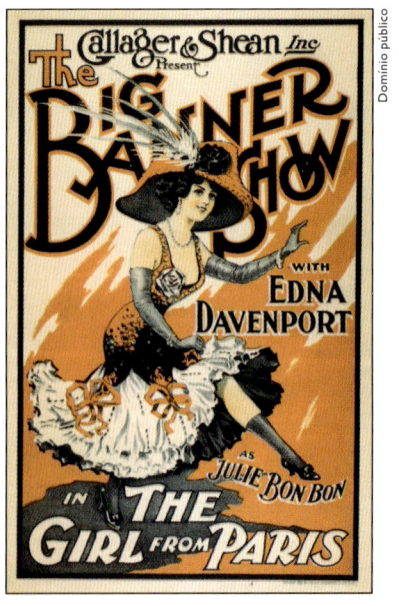

No passado, o tornozelo era fetiche. Agora está à mostra, pois os vestidos adotaram o comprimento "mídi". A maquiagem se sobressai com batons vermelhos, lápis nos olhos e faces embranquecidas. É o tempo das "melindrosas". É mais do que hora de Mademoiselle Gabrielle Bonheur Chanel aparecer (falaremos sobre ela no próximo capítulo).

Após a guerra, as mulheres não queriam mais voltar para casa. Tinham tomado gosto pelo trabalho. O mundo queria esquecer a guerra, e a moda, mais uma vez, refletiu o comportamento do pós-guerra: chega de espartilhos apertadíssimos, chapéus e ornamentos enormes de cabeça. As mulheres deram um basta e partiram para o luxo e ostentação, que durariam até o *crash* da Bolsa de Nova York em 1929. Entretanto, durante toda a década, tudo o que pertencia ao antes da guerra tinha de – e devia – ser esquecido. Assim surge uma moda prática, linear e modernista – olha a Semana de 22 aí!

Dois estilistas foram o *must* da época: Paul Poiret, que já vinha da *Belle Époque*, e a *the best of the best* Gabrielle Bonheur Chanel. Coco, como era conhecida desde pequena no orfanato onde cresceu, virou a moda de cabeça para baixo. Os chapéus enormes deram lugar ao *cloche*, aquele chapéu enterrado na

> Os chapéus enormes deram lugar ao *cloche*, aquele chapéu enterrado na cabeça.

cabeça. Os cabelos? Curtíssimos, *à la garçonne*, inspirados em Poiret, ganharam força com Chanel, que vai perdurar até os dias de hoje.

Chanel passou a ditar o seu estilo e as suas atitudes. Primeiro com os chapéus, depois com a simplicidade dos vestidos e os acessórios: bolsas, sapatos e o grande perfume Chanel Nº 5, criado em 1921. Seu sucesso dura até hoje, com o respeito e a admiração do diretor artístico da *maison*, desde 1983, Karl Lagerfeld.

Chanel

Um tópico à parte para a mulher que revolucionou a moda e para Karl Largerfeld, que continua sua saga. Em todas as coleções, o diretor criativo da *maison* mais famosa do mundo recria algumas das peças mais icônicas de todos os tempos: a jaqueta de *tweed*; o *tailleur*; a bolsa mais original e moderna com 60 anos de idade.

É ou não é um tópico à parte?

A pobre menina criada num orfanato fez o mundo ajoelhar-se aos seus pés. Depois de Mademoiselle Gabrielle Coco Chanel, a moda nunca mais foi a mesma (e jamais será!).

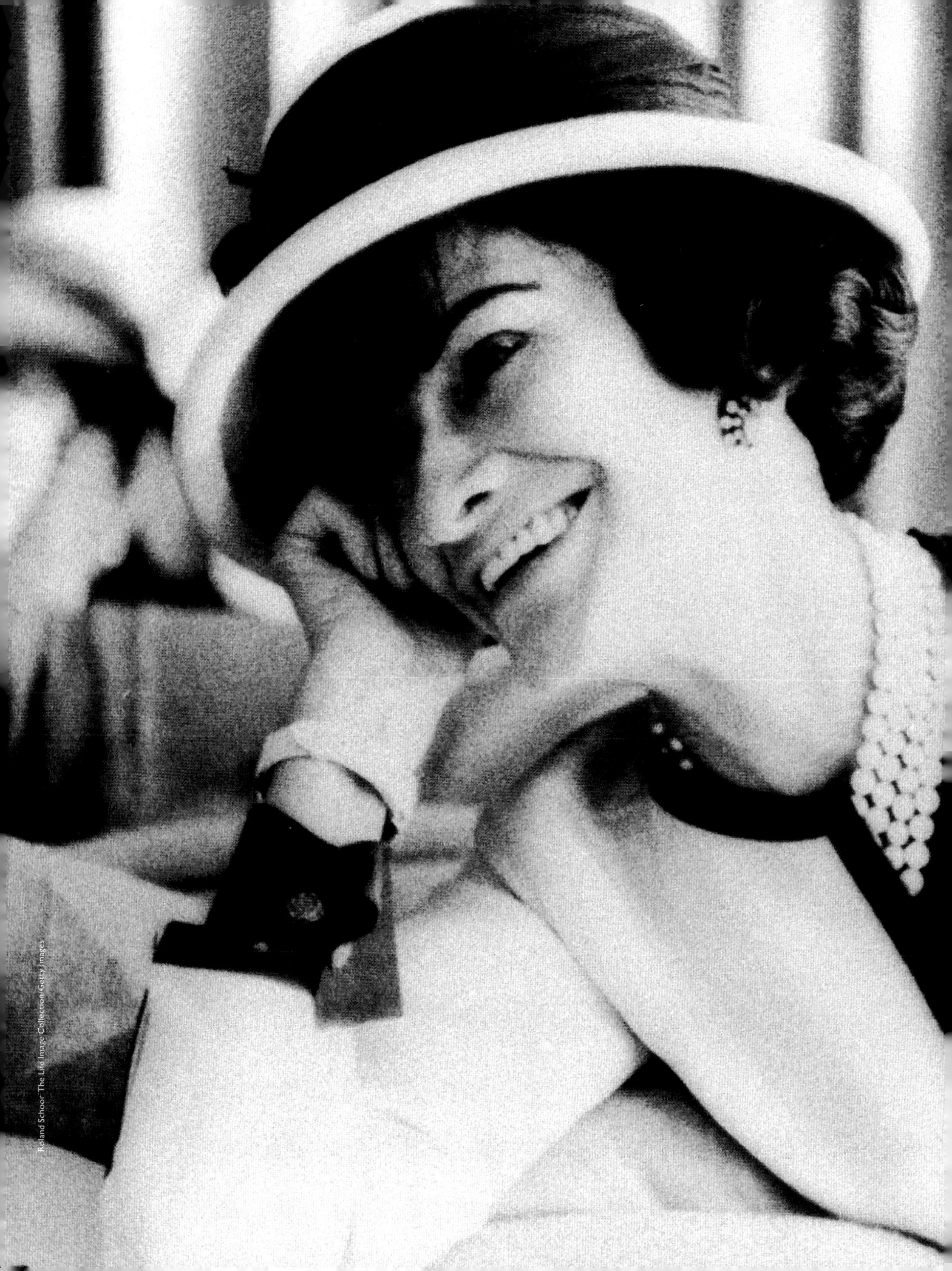

Roland Schoor/The Life Image Collection/Getty Images

Autodidata, Coco Chanel virou a moda de ponta-cabeça ao desenvolver sua assinatura – desde a extravagância ao utilizar pérolas falsas nas suas coleções iniciais de joias até pedrarias para acompanhar sua roupa de luxo, mas minimalista. Sua origem campesina apenas a auxiliou a ser prática e objetiva. Esse *background* reflete-se na sua maneira de pensar e na moda.

Em 1932, ela mudou de novo o conceito de joias com uma coleção de platina e diamantes, chamada de *bijoux de diamants*, com motivos de estrelas, sol e cometas, refinando sua característica de simplicidade.

Hoje, as joias Chanel continuam com o espírito de refinamento aliado às inovações tecnológicas, com constante mutação da icônica *maison* da Rue Chambon, seu primeiro e único endereço *fashion*.

Definitivamente, Coco Chanel criou a típica mulher anos 20. Ou 30, ou 50, ou, então, do século XXI, tal era sua originalidade e inspiração em construir na desconstrução. Nunca houve estilista como Chanel na moda.

> Hoje, as joias Chanel continuam com o espírito de refinamento aliado às inovações tecnológicas.

UMA MULHER "*AHEAD OF HER TIME*"

Segura de si, Chanel começou vendendo chapéus e, posteriormente, virou aquele sucesso: o pretinho básico; a *little black jacket* – que mereceu exposição em pleno século XXI em vários países, tal sua atualidade –; o *tailleur* de *tweed*, supermoderno ainda hoje; e o cardigã.

Tão logo lançou sua primeira coleção, começou a trabalhar para o lançamento de seu primeiro perfume, já em 1921, o absoluto Chanel N° 5.

É impressionante a atualidade dessa mulher franzina, que não tinha a beleza-padrão da época, mas era de um charme retumbante. Como suas criações estavam – e estão – em todas as revistas, era adorada pela alta sociedade francesa e pelo mundo inteiro.

Em 1983, Karl Lagerfeld assumiu a direção artística da marca. Sua enigmática figura é reconhecida pelos óculos escuros – que tirava pouquíssimas vezes –, rabo de cavalo nos

Em 1983, Karl Lagerfeld assume a direção artística da marca, com sua enigmática figura reconhecida pelos óculos escuros, rabo de cavalo e luvas de couro.

cabelos totalmente brancos (é tintura) e as famosas luvas de couro. Cada coleção Chanel é revisitada com peças da primeira coleção, como bolsas matelassê, *tailleurs* de *tweed*, pérolas, camélias, sapatos de duas cores, injetando o renascimento e o desejo a cada temporada, sem deixar morrer os símbolos da mudança de moda e comportamento desde os anos 20.

Chanel tornou as pérolas um *must-have*. Vestidos de cintura baixa, jaquetas curtas, *mademoiselle* transformava roupas antigas em criações originalíssimas. A jaquetinha preta é apenas uma releitura da jaqueta de aviador. O pretinho básico é a "melindrosa" mais justinha.

Foram muitas as criações nas quais o ditado popular contou bastante: "Quanto mais simples, mais genial!". E a marca adota esse estilo até hoje.

Todas as suas fotos, em preto e branco, trazem-na em poses desafiadoras, olhares impertinentes e linguagem corporal de quem sabe o que está fazendo. Assim foi Coco Chanel. Assim foram suas equipes durante seu tempo na sua própria *maison*.

Deixou de se casar para focar no seu *métier*. Na verdade, teve amantes e amores que a decepcionaram, incluindo um militar de alta patente da Alemanha nazista, o que a deixou no ostracismo alguns anos depois da

Segunda Guerra Mundial. Mas por pouco tempo, pois Mademoiselle Chanel, como sempre, voltou "chegando" e produziu mais do que qualquer estilista poderia supor, influenciando a todos.

Chanel sempre foi a personificação de Estilo & Atitude. Sempre com suas pérolas, Coco nunca saía de casa desarrumada. Dizia que, talvez, sua chance de ser feliz estivesse logo ali na esquina e que poderia escapar se ela não estivesse bem vestida.

Atitude pura!

A menina pobre era, agora, o sucesso do mundo. Pérolas? Chanel tornou-as um *must-have*.

"Conforto e simplicidade. Isso é luxo!"

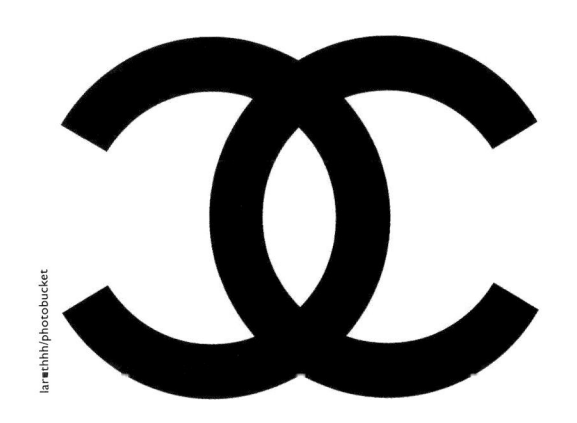

Com a crise que o mundo vivia no final dos anos 20, Chanel ensinou as mulheres a usarem bijuterias. Segundo ela, o importante não era o valor do acessório, mas a elegância que eles davam a uma mulher de Estilo & Atitude.

Pois é! A diva sabia de tudo mesmo.

C.C:
So what is you next crime under my name?

"E agora, qual é seu próximo 'crime' sob meu nome?"
— Coco Chanel

Sketch de encontro entre Mademoiselle Chanel e Lagerfeld.

Karl Lagerfeld

Coleção de Karl Lagerfeld, fiel ao minimalismo de Chanel.

Ed Kavishe/Domínio público

A bolsa 2.55 é facilmente reconhecida pela forma do *flap* e pela corrente. Criada em 1955, Karl Lagerfeld alterou alguns detalhes apenas em 2005, 50 anos depois.

A corrente foi inspirada no orfanato, pois as responsáveis pelas crianças usavam uma enorme corrente com as chaves presas a ela.

Outra fonte de inspiração foram os cavalos, animais que Chanel amava. A jaqueta dos *jockeys* inspirou o matelassê e a forma como a bolsa foi criada.

Até os dias de hoje, todo o processo é feito 100% à mão, utilizando o couro mais macio do mundo. São 180 etapas que passam por empregados com mais de 17 anos de casa. Apesar do couro macio, a 2.55 não é uma bolsa frágil, graças ao modo de confecção, uma informação mais secreta que a fórmula da Coca-Cola. São mais de 60 anos de desejo de ter uma 2.55 legítima (posso dizer com convicção que não é para todas as mortais, pois uma 2.55 pequena custa cerca de 3.000,00 dólares).

A quantidade de bolsas piratas e copiadas mundo afora é absolutamente incontável. Como tudo o que é luxo, as cópias pululam até na Rua 25 de Março, em São Paulo.

CHANEL Nº 5 – UM CASO À PARTE

O Chanel N° 5 foi lançado em 1921. "Um perfume de mulher com cheiro de mulher", dizia Coco ao perfumista Ernest Beaux. Com um frasco *art déco*, que pouco mudou desde então, o perfume está incorporado à coleção permanente do Museu de Arte Moderna de Nova York desde 1959. Foi o primeiro perfume sintético a levar o nome de um estilista. Definitivamente, não é pouca coisa. Chanel dizia: "Um estilo não sai de moda; Chanel não sai da moda".

As embalagens iniciais.

"Um estilo não sai de moda; Chanel não sai da moda."

Apenas lembranças dos velhos tempos

Apenas um pequeno *break* para voltar no tempo: para a década de 50. Época em que o cinema era romance, *glamour*, entretenimento. Nada de caçadas implacáveis, bombas, perseguições apocalípticas e muitos, muitos efeitos especiais. Cinema era CINEMA!

Efeitos especiais nos anos 50 eram o que os artistas tinham de bom: *glamour*, charme, estilo e elegância. Audrey Hepburn, Katharine Hepburn, Lauren Bacall, Ava Gardner, Rita Hayworth, Greta Garbo, Cary Grant, Humphrey Bogart e tantos outros. Todos já vinham de décadas passadas, mas tiveram o auge de suas carreiras no final dos anos 40 e na década de 50. Todos, desse maravilhoso universo, tinham algo em comum: Estilo & Atitude!

skeeze/Pixabay

Como se trata de um ligeiro *break*, este livro quebra a cronologia para mostrar a atemporalidade de estilo, elegância e atitudes firmes e impactantes, lembrando que isso tudo junto é exceção à regra.

E... exceção à regra chama-se, até hoje, Audrey Hepburn!

A INESQUECÍVEL AUDREY HEPBURN!

Valem a lembrança e o exemplo desses anos dourados do cinema hollywoodiano em que tudo parecia cor-de-rosa e a Guerra Fria ficava de fora dos nossos sonhos.

Aqui, ela, Audrey Hepburn, é a *it girl* (e, para ser bem verdadeira, não há mais *it girls* como aquelas de antigamente). Simplicidade e contemporaneidade eram suas marcas registradas. E pensar que esta diva conviveu com Coco Chanel!

Cabelos *à la garçonne*, blusa preta basiquíssima, sobrancelhas como todas querem hoje, olhos bem marcados e mais nada. Isso é estilo! Isso é atitude!

No caso de Audrey, era nato. No nosso caso, precisamos aprender – e podemos!

> Não há mais *it girls* como aquelas de antigamente. Simplicidade e contemporaneidade eram suas marcas registradas.

Cary Grant foi um dos grandes parceiros de Audrey no cinema.

Cabelos *à la garçonne*, blusa preta basiquíssima, sobrancelhas como todas querem hoje, olhos bem marcados e mais nada. Isso é estilo! Isso é atitude!

CHARLES CHAPLIN

É necessário citar "o" artista: Charles Chaplin, cujos filmes – mudos –, ainda na década de 30, são sucessos eternos. Filmes que transitam no universo *cult* e mantêm a contemporaneidade décadas e décadas após sua criação. Seu personagem desajeitado, o Carlitos, fez de seus filmes verdadeiras obras-prima no cinema e na memória de milhões de pessoas. Suas críticas bem-humoradas – para Chaplin, apenas o humor conseguia objetivar a crítica – traçaram o perfil daqueles anos todos. Chaplin, famoso desde os anos 20, não fazia humor. Contava pelo humor as tristezas e calamidades do então homem moderno, na economia, na política, na vida cotidiana.

O grande veículo para a genialidade de Chaplin foi o cinema mudo. Quando a palavra chegou à telona, Chaplin não conseguiu expressar em palavras o que tão bem fazia com gestos. Dizia que o novo cinema "não era digno de seu personagem e suas imagens". Tentou recriar a beleza de suas obras sem falas, mas jamais voltou a imaginar cenas tão impressionantes com tanta tecnologia. Irônico? De maneira alguma. Chaplin já sabia – e intuiu – que o gestual fala mais que mil palavras.

O grande ditador foi o primeiro filme sobre a Segunda Guerra. Chaplin apresenta Hitler como uma comédia humana. Um das cenas mais famosas é quando o personagem brinca com o globo terrestre, numa sátira às ideias e loucuras do ditador.

Suas frases de efeito também são reconhecidas no mundo todo, mostrando que, afinal, gênio é gênio.

Apesar de seu temperamento irascível com a família – um Picasso das telonas –, Chaplin marcou o mundo com sua ironia, seu humor fino e sua não condescendência com as mudanças do mundo, que pareciam transformar os seres humanos em robôs sem cérebro.

Voltemos para o nosso passeio por décadas de moda...

"Um dia sem sorrir é um dia desperdiçado."
— Charles Chaplin

Anos 30

Com o *crash* da Bolsa de Valores de Nova York em 29, o mundo mudou de rota novamente pela insolvência econômica. Em 33, Hitler já era conhecido em toda a Europa. A economia voltava a dar pulos; a Europa ainda estava em reconstrução e a moda... Ah, a moda refletia a economia e a política da época. Uma década em que tudo era simples, de linhas retas, pois era preciso economizar. A Alemanha experimentava a hiperinflação, e a moda reflete simplicidade ao vestir-se quando a ordem é pouco dinheiro.

Marlene Dietrich, a atriz preferida de Hitler.

MARLENE DIETRICH

Um dos ícones do cinema da época foi Marlene Dietrich, que ficou conhecida por sua ajuda humanitária durante a Segunda Guerra Mundial, tendo dado apoio a exilados e sendo acusada pelos nazistas de "traidora da nação" por tornar-se cidadã norte-americana.

GRETA GARBO

Com seu olhar melancólico, sobrancelhas finas e maquiagem que destacava lábios e olhos, Greta Garbo foi outra diva da década de 30. Sua vida é um mistério até hoje, pois se aposentou cedo (aos 36 anos), quando estava no auge da carreira sendo a atriz mais bem paga da época. Tornou-se reclusa desde então e morreu sozinha em seu apartamento em Nova York, em 1990.

Greta Garbo.

KATHARINE HEPBURN

Outra diva da época foi Katharine Hepburn. Indicada 12 vezes ao Oscar, levou o prêmio em quatro ocasiões. Sua primeira estatueta veio com o filme *Manhã de glória* (1933). Influenciada por sua mãe, que defendia o direito ao voto das mulheres, Katharine Hepburn era uma feminista de personalidade forte.

Os anos 30 mantiveram a pele de porcelana, à base de muito pó, os olhos bem marcados, as sobrancelhas finas e a boca vermelhíssima, assim como o esmalte das unhas. São dos anos 30 o famoso sapato "*peep toe*" e os cabelos platinados.

Muito brilho e saltos altíssimos marcaram a década.

Nada que não pudesse mudar de uma hora para outra... E mudou!

SEGUNDA GUERRA MUNDIAL

Uma época de transição já com o fantasma de novos conflitos rondando o mundo. As mudanças ocorridas com a Primeira Guerra não obtiveram o que os aliados esperavam: paz.

Muito pelo contrário! A queda do Grande Império Otomano fez seu território encolher em demasia, e as fronteiras da nova ordem dividiram clãs e tribos. Vivemos as consequências do conflito até hoje, com todas as distorções no Oriente Médio e Ásia. O reflexo de toda essa imensa confusão pode ser claramente observado na moda de então até os dias atuais.

Mesmo assim, os anos 30 mantiveram um tantinho do *glamour* da década de 20. Quem podia ostentava. Quem não podia usava a simplicidade como estilo e criava a atitude moderna. Daí o sucesso cada vez maior de Mademoiselle Chanel.

TRISTE DÉCADA

Ao analisar a década de 30, a conclusão é de que foi uma época triste e melancólica. A Europa iniciava um período de destruição intensa. Após 1945, titubeando, mas corajosamente, o continente começou a se reerguer na esperança de dias melhores.

Mas quando os anos 40 chegaram, muito já havia mudado. E muito ainda mudaria... para pior!

Sim, os anos 30 foram marcados por tristeza e medo. Em 1933, com a tomada do poder por Hitler, na Alemanha, o mundo começou a sentir muito, muito medo. Sofrendo de alcoolismo e bipolaridade, Churchill foi um dos grandes nomes para vencer a Segunda Guerra, assim como Roosevelt, presidente dos Estados Unidos – que não chegou a tomar as últimas decisões, defenestrado da Casa Branca por Dwight Ensenhower –, e o chefe da Resistência Francesa, posteriormente presidente da França, General Charles De Gaulle.

O trio não imaginava, porém, do que Stálin seria capaz. Unida ao bloco dos Aliados, a Rússia partiu a capital da Alemanha em duas, construiu o famoso muro de Berlim, separou famílias inteiras e rumou para conquistar todo o Leste Europeu, formando, assim, a União das Repúblicas Socialistas Soviéticas – a ex-URSS – e passando a "inimigo" do Ocidente ao iniciar a Guerra Fria. A morte de Stálin em 1953 foi um alívio para o mundo, mas ainda haveria muito, muito a ocorrer.

Tempos duros quando o mundo foi redesenhado pela União Soviética e o Oriente Médio. Ainda hoje, sofremos as consequências das decisões equivocadas da Segunda Guerra.

Anos 40

A década de 40 via o mundo tenso, angustiado e em crise. Com os acordos firmados na Primeira Grande Guerra, nem aliados, nem inimigos ficaram satisfeitos. A Europa devastada voltava-se para sua reconstrução, mas já se pensava em nova guerra de proporções épicas.

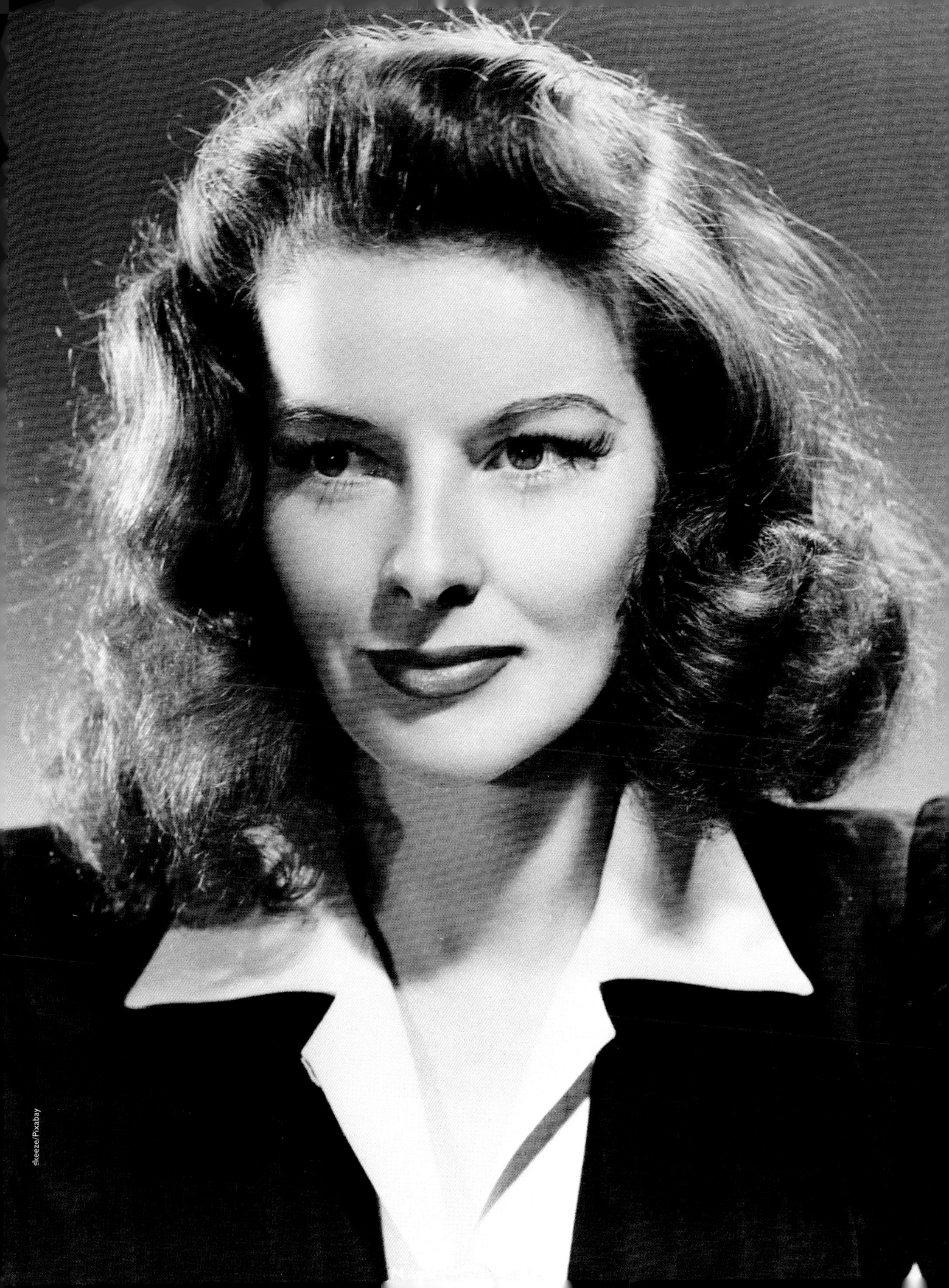

skeeze/Pixabay

CRIATIVIDADE NO MOMENTO DE CRISE

A União Soviética ora ficava com Hitler, ora com os Estados Unidos. Resumindo: só uniu-se aos Aliados quando Hitler invadiu Leningrado. Milhões de pessoas morreram de inanição na Rússia devido à coletivização do campo. Mas o Leste Europeu era longe demais e a Europa estava preocupada, de novo, com a Alemanha.

Depois de muita conversa, os Estados Unidos resolveram entrar na guerra e a coisa tomou proporções dantescas. Foram duas frentes de batalha: na Europa contra os alemães e, no Pacífico, contra os japoneses. Quem se esquece do ataque surpresa de Pearl Harbor, em 1942, que colocou a América de joelhos perante os japoneses? Aí a coisa ficou feia e os americanos, *pissed off*, entraram para valer no conflito.

Ataque a Pearl Harbor, em 7 de dezembro de 1941.

Foi dessa época a popularização do *trench coat*, graças ao ator e ícone Humphrey Bogart, em *Casablanca*. Quem não se lembra desse clássico que virou *cult* e símbolo de elegância até hoje?

Lindo demais!

Homens e mulheres continuam a desejar o clássico dos clássicos que o ator tinha como marca registrada: *trench coat* da grife inglesa Burberry, atualíssima e nas mais variadas versões.

Lenços Hèrmes, sapatos de salto grosso – mais adequados para trabalhar e passar várias horas em pé – e o *tailleur*, criação de Chanel, chamado de "terno feminino", esteticamente simples.

> Foi dessa época a popularização do *trench coat*, graças ao ator e ícone Humphrey Bogart, em *Casablanca*.

Se as mulheres já haviam conquistado alguma força no mercado de trabalho, agora era definitivamente a vez delas. Os empregos eram melhores e a força de guerra americana precisava de muitos braços para poder vencer a guerra com equipamentos adequados. Os chãos de fábrica eram coalhados de mulheres que exerciam as mais diferentes tarefas. Uniformes para os soldados também se tornaram tarefa obrigatória das mulheres.

Na Europa não foi diferente. Começava tudo de novo e com ares mais nefastos: nazismo e fascismo criaram situações imprevisíveis, com a morte de milhões de judeus, ciganos, gays e pessoas com necessidades especiais. Era, sem sombra de dúvidas, o holocausto, não apenas nos campos de Auschwitz-Birkenau ou Treblinka, com histórias escabrosas, mas em toda a Europa do Leste, conquistada pelos alemães.

Nesse caos, mais uma vez a moda refletiu os tempos difíceis: influência militar, devido à guerra, claro; mas também o *tailleur* de *tweed*, *by* Chanel. As secretárias, tanto dos Aliados quanto dos alemães, eram impecáveis nas roupas. Como tinham poucas, abusavam dos acessórios.

> As saias encurtaram dando maior flexibilidade, os saltos eram grossos para maior conforto e o *tailleur* podia ser usado dezenas e dezenas de vezes.

Fonte desconhecida

O cinema refletiu a época, que não deixava dúvidas: a mulher tinha de ser impositiva, decidida e trabalhar tão bem quanto os homens – ou melhor. Para isso, as saias encurtaram, dando maior flexibilidade, os saltos eram grossos para maior conforto e o *tailleur* podia ser usado dezenas e dezenas de vezes. Com um lenço amarrado no pescoço e um *trench coat*, estava-se pronta para qualquer ocasião.

A Inglaterra montou uma espécie de força-tarefa – *Fashion Group of Great Britain* – para criar cerca de 30 peças para produção em massa.

O objetivo, claro, eram roupas mais atraentes, apesar das restrições da guerra. Corte reto e masculino. As jaquetas e abrigos tinham ombros acolchoados, angulosos, e cinturões marcavam uma cintura que já não era de vespa. Tecidos pesados como o *tweed* não eram utilizados por acaso, pois duravam mais.

Também foi a vez das calças compridas, bastante populares à época. Os cabelos estavam mais longos, não por modismo, mas pela dificuldade em encontrar cabeleireiros. Assim, grampos coloridos ou simples eram usados para prender os cabelos ou formar cachos. Já a maquiagem, com a falta de produtos, era improvisada em casa mesmo.

Ginger Rogers.

> Grampos coloridos ou simples eram usados para prender os cabelos ou formar cachos.

E as meias de *nylon*? Sucesso absoluto. As mais chiques tinham uma risca atrás das pernas. Como era um luxo que nem todas podiam ter, as mulheres desenhavam a listra atrás, para que ficasse como as verdadeiras. Criatividade na crise e reflexo de seu tempo.

E o batom, já tão presente no cotidiano de todas? Os fabricantes apenas recarregavam as embalagens, já que o metal estava destinado à indústria bélica.

Foi também a partir da década de 40, já inseridas no mercado de trabalho, que as mulheres passaram a ter atitudes mais focadas e a vestir-se de uma maneira peculiar (nascia o estilo!).

Funcionalidade resume o conceito da moda da década de 40. Simples e sofisticado ao mesmo tempo. Novamente, os ensinamentos de Mademoiselle: simples e elegante.

> Funcionalidade resume o conceito da moda da década de 40. Simples e sofisticado ao mesmo tempo.

Dominio público

> Com seu sotaque e suas roupas exóticas, alcançou o estrelato e chegou a receber o maior salário pago a um mulher nos Estados Unidos.

CARMEN MIRANDA

A década de 40 trouxe o fenômeno Carmen Miranda com sua feira na cabeça. Em meio à guerra, Hollywood estava preocupada com a produção de filmes dentro da "política da boa vizinhança", para evitar que países da América Latina se aliassem às potências do Eixo. Com seu sotaque e suas roupas exóticas, alcançou o estrelato e chegou a receber o maior salário pago a uma mulher nos Estados Unidos.

NEW LOOK DA DIOR

O *New Look* da Dior, por sua vez, traz de volta a feminilidade ao guarda-roupa feminino, deixando de lado a simplicidade e a praticidade de Mademoiselle Chanel (que julgavam ter sido informante do governo alemão à época).

Com ou sem cooperar com os alemães durante a guerra, Chanel voltou em grande estilo e se consagrou novamente com joias enormes, como era de seu temperamento: "nada pequeno, é preciso enxergar a beleza das gemas", dizia Chanel.

UM DETALHE IMPORTANTE DO PERÍODO: O RÁDIO

O rádio teve um papel importantíssimo antes, durante e depois da guerra. A BBC transmitia boletins do *front* e o presidente norte-americano fazia pronunciamentos calorosos e enfáticos sobre a necessidade do alistamento. Não por acaso, a moda teve um reflexo militar preponderante durante os anos – e após – da guerra.

As transmissões da guerra eram acompanhadas por todas as famílias do Ocidente, especialmente aquelas que tinham parentes alistados.

A radionovela iniciou-se na década de 40 e teve seu apogeu no Brasil nos anos 50, enquanto a televisão não era popular. Quem não se lembra da transmissão da *Guerra dos mundos*, de Orson Wells, em 1938? Com a guerra na porta, ele conseguiu fazer com que as pessoas acreditassem na transmissão e causou pânico em várias cidades norte-americanas. Ainda um ator desconhecido, ficaria famoso pelo episódio e por obras-primas do cinema.

Hoje, o papel do rádio continua fundamental pela sua facilidade de trazer a notícia e mudar sua grade de programação em instantes, o que naquela época era crucial. O rádio foi a internet da década de 40.

Mas chega de história. Voltemos à moda!

Deixemos as guerras para trás e vamos direto para o mundo do *rock and roll* e calças capri, assim chamadas por serem usadas por pescadores da famosa e bela ilha italiana. Os *jet setters* daquela época possuíam casas na ilha e começaram a disseminar o uso da capri pelo mundo.

É o primeiro exemplo de *streetwear* de que se tem notícia que não saiu das *maisons* francesas ou de algum estilista famoso.

Preparado? Então lá vamos nós!

Anos 50 anos dourados

A guerra havia terminado, deixando a Europa, literalmente, em escombros, assim como o Japão, depois do lançamento de duas bombas atômicas em Hiroshima e Nagasaki, em agosto de 1945.

Eram tempos de reconstrução de países arrasados e o mundo dividiu-se em Ocidente e Oriente – Leste e Oeste. O Ocidente, capitalista, era o símbolo da liberdade de expressão, da livre iniciativa e do início dos direitos civis para os negros americanos. Já o Leste, fechado, alheio ao mundo e governado com mão de ferro por Stálin até 1953 e, após sua morte, por Nikita Kruschev, não menos duro e inimigo do Ocidente. Em pouco tempo, a Guerra Fria entre Estados Unidos e União Soviética emergiu forte e perigosa, com a diplomacia deixada de lado. Essa animosidade irrompeu com a Guerra da Coreia, em que os Estados Unidos apoiavam o Sul e a União Soviética, o Norte.

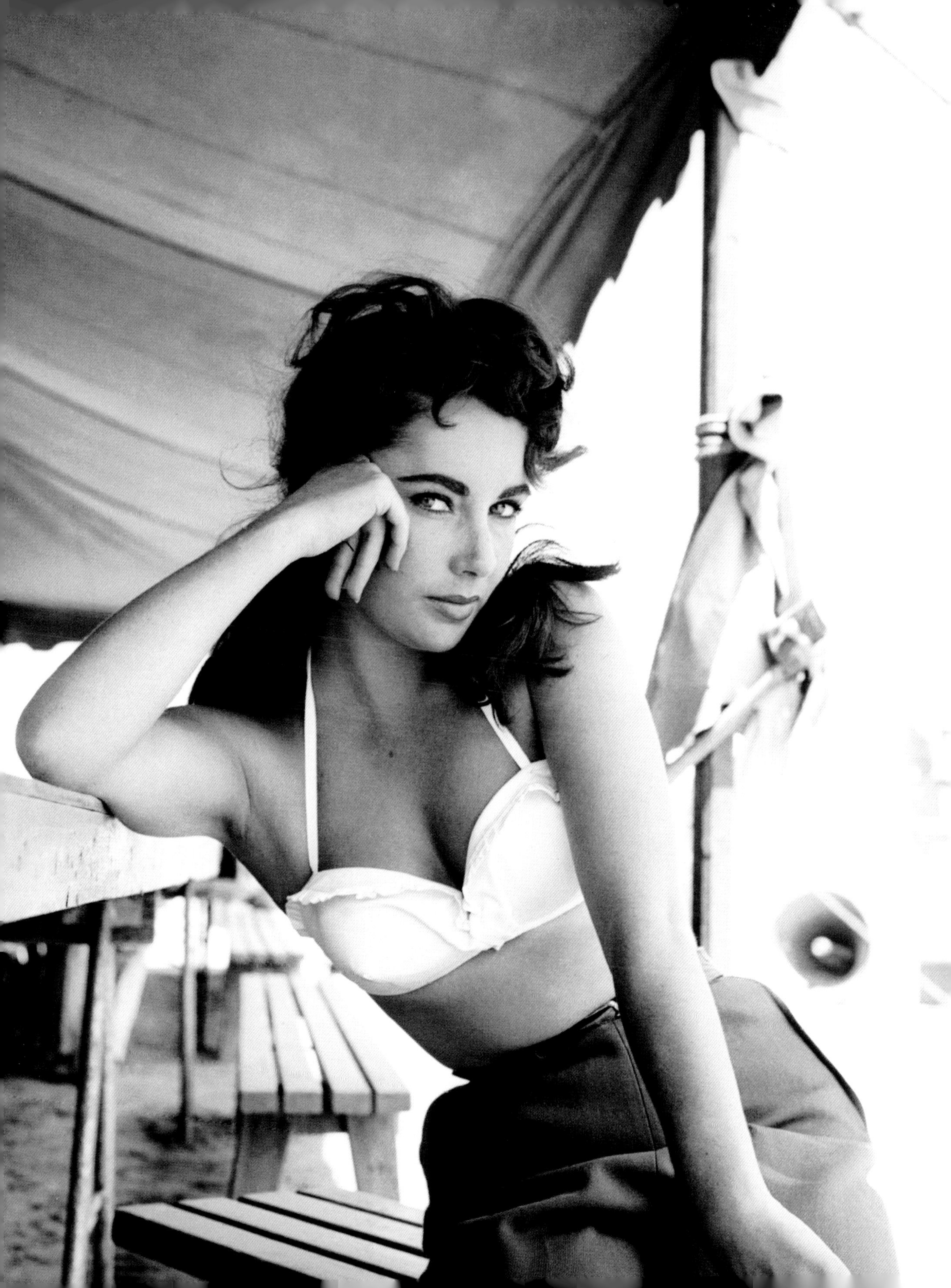

Ao fim, a Coreia do Sul passou a ser aliada dos americanos, e a Coreia do Norte, apoiada pelos soviéticos, deu no que deu até hoje: o país mais fechado do mundo, governado pelo terror e pelo medo da terceira geração de King Il-Sung, o patriarca do novo país. Momentos de tensão e a ameaça de uma guerra nuclear pairavam no ar como um peso na cabeça de todo o mundo. A humanidade nem imaginava o perigo que corria. A Alemanha, destruída, foi dividida em duas, viu sua capital ser transferida de Berlim para Bonn e a cidade da alegria, dos museus e bares dividia a Alemanha em Ocidental e Oriental, com seu muro da vergonha, construído pela União Soviética.

Foi o início de uma separação densa e difícil que dividiu famílias inteiras e todo o mundo. Só terminaria em 1989, com a queda do Muro de Berlim e a reunificação da Alemanha.

Mesmo assim, o mundo vivia a euforia de um novo pós-guerra, tentando criar uma nova forma de viver e mudar tudo o que estava aí, esquecendo o passado de perdas e tristeza.

O *rock* ainda engatinhava, mas seu ídolo máximo, Elvis Presley, lindo e jovem, fazia a mulherada delirar. Quando se alistou para a Guerra da Coreia, as fãs choraram, mas ele, como bom moço que era à época, foi servir seu país. Na volta, o escândalo: inventou a dança rebolante do *rock* e os seus trejeitos correram o mundo. A moçada começava a servir-se da liberdade e dos direitos civis, que ainda dariam o que falar – e convulsionariam o mundo – na década seguinte.

Evidentemente, a moda refletia a euforia, a liberdade, a conquista de ser você mesmo. Até porque, com a guerra terminada, retornavam o dinheiro e o *glamour*! Era a época das *pin-ups*.

O *New Look* de Christian Dior é a grande referência da moda feminina desta fase do século XX: cintura marcada, saia godê, calça corsário (capri), sapatilhas e cintos finos. Chega de preto, verde-oliva, azul-marinho. A onda eram os tons pastel, leves, como a sociedade ocidental estava vivendo.

Sem racionamento, a partir de 1947, Dior usava muitos metros de tecido para criar um vestido bem amplo e na altura dos tornozelos.

Nunca uma tendência foi tão rapidamente aceita como o *New Look* de Dior. A mulher necessitava sentir-se feminina novamente, gostar do luxo e da sofisticação.

As saias descem novamente. Cintura bem marcada e sapatos de saltos altos, luvas e outros acessórios de luxo, como pele (ainda não havia restrições ecológicas) e muitas joias.

> A moda refletia a euforia, a liberdade, a conquista de ser você mesmo. Com a guerra terminada, retornavam o dinheiro e o *glamour*!

A influência do *New Look* foi tão arrebatadora que os estilistas do século XXI da *maison* Dior continuam colocando a cintura marcada, as saias rodadas e os chapéus em suas coleções, a exemplo de John Galliano, em 2008, antes de cair em desgraça por racismo. É o genial na sofisticação. Esse é o conceito do *New Look*.

Grace Kelly, a atriz que virou princesa, era um dos ícones do *New Look*, assim como a menina Brigitte Bardot, que estouraria no mundo inteiro com o filme ... *E Deus fez a mulher*, de Roger Vadim.

Tudo parecia simples e prático, acompanhando as mudanças provocadas pela Segunda Guerra.

A década foi marcada por três mulheres com Estilos & Atitudes completamente diferentes. Tinham em comum o charme e o *glamour*. Elas eram elas e ponto.

- **Audrey Hepburn**: estilo e sofisticação. Meiga, mas ciente de seu lugar no mundo.

- **Grace Kelly**: faz mais o jeitão de Audrey Hepburn. Imagem meiga, sofisticada, estilo clássico – especialmente ao se tornar a princesa de Mônaco. Marcou uma era. Foi a atriz favorita de Alfred Hitchcock.

O ícone fashion da época era a maravilhosa e estilosa Audrey Hepburn!

skeeze/Pixabay

Grace Kelly.

- **Brigitte Bardot**: menina, despojada, mas estilosa e dona de si. Estilo mais solto, sem se ater a uma tendência ou outra. Ela pode – até hoje! Tem estilo e autoestima. Isso é atitude de viver!

in for ever

Brigitte Bardot.

E, não menos importante, o trio mostrava ao público – como seria na vida real? – autoestima e confiança, 80% do caminho para ter estilo próprio e atitude na vida. Foi somente em 1954 que Chanel reabriu sua *maison* em Paris, fechada durante toda a guerra. Aos 70 anos de idade, criou algumas peças que se tornariam ícones inconfundíveis: o *tailleur* com guarnições trançadas, a famosa bolsa a tiracolo em matelassê e o *scarpin* bege de ponta escura.

James Dean foi a personificação do Estilo & Atitude masculino. Estilo é também descontração. Quanto à atitude, basta ver o seu olhar na foto.

Símbolo do cinema norte-americano, sua fama só cresceu ao morrer num acidente de carro.

A tradição e os valores conservadores estavam de volta. As pessoas casavam cedo e tinham filhos. Nesse contexto, a mulher dos anos 50, além de bela e bem cuidada, devia ser boa dona de casa, esposa e mãe. Vários aparelhos eletrodomésticos foram criados para ajudá-la nessa tarefa difícil, como o aspirador de pó e a máquina de lavar roupas.

A calça "rancheira", usada por trabalhadores rurais, entrou para o mundinho *fashion* e virou febre da moçada. O ator James Dean popularizou o uso de calça *jeans* e camiseta branca.

Em contraposição ao estilo descartavelmente planejado norte-americano, com produtos pouco duráveis, na Europa ressurgiu, especialmente na Alemanha, o estilo modernista da Bauhaus, uma escola de arte, *design* e arquitetura fundada em 1919, dando continuidade à criação inovadora, com o objetivo de continuar a fabricar bens duráveis, com *design* voltado à funcionalidade e ao futuro. De cadeiras a edifícios, a fórmula era usar linhas simples, durabilidade e equilíbrio como os pontos fundamentais de qualquer criação que levasse a assinatura dos arquitetos e *designers* do movimento. Ainda hoje, a Bauhaus é considerada arrojada e vanguardista. Philippe Starck, o *designer* mais famoso da atualidade, bebeu da fonte da escola alemã.

> Em contraposição ao estilo descartavelmente planejado norte-americano, com produtos pouco duráveis, na Europa ressurgiu, especialmente na Alemanha, o estilo modernista da Bauhaus.

Domínio público

"Não há nada a ser tocado com trompete que Louis já não o tenha realizado." – Miles Davis

Miles Davis no piano e Howard McGhee.

Ao som do *rock and roll*, a nova música dos anos 50, a juventude norte-americana buscava sua própria moda. Entre os negros, era a vez do *jazz*. Ambos os ritmos mudaram o modo de ouvir música e lançaram grandes nomes, como Beatles, Louis Armstrong e o próprio Elvis, entre tantos outros gênios da música norte-americana. O *jazz* influenciou a bossa nova brasileira, que também ganhou o mundo. Uma década de experimentação, inovações e liberdade (esta última nem tanto... Veremos!).

Na moda? Bem, a moda foi para o lado colegial, que teve origem no *sportswear*. As moças agora usavam, além da saia rodada, calça cigarrete até os tornozelos, sapatos baixos, suéter e *jeans*.

Anos 60

revolução dos costumes, dos direitos civis, da medicina e da moda (claro!)

Desde o final dos anos 50, o *rock* tomou as paradas e Elvis Presley era "o cara". O *jazz* também ganhava o mundo com suas "*jazz bands*" e nomes como Miles Davis, Chuck Berry, Little Walter e Louis Armstrong. A década começou e... Tudo de bacana aconteceu nos anos 60. Tudo de terrível aconteceu nos anos 60.

Easy Rider (*Sem destino*, em português) é um *cult* da história do cinema.

Direitos civis nos Estados Unidos; panteras negras; assassinato do presidente norte-americano John Kennedy; início da Guerra do Vietnã – novo confronto entre Estados Unidos e União Soviética, dividindo este em dois –; feminismo em altíssima voltagem; advento da pílula anticoncepcional que liberou as mulheres; protesto contra a guerra...

É o momento da televisão. Foi a primeira vez que os horrores de uma guerra foram vistos na telinha, com poucos dias de diferença para apresentação ao público. É também o momento em que se inicia a banalização da violência. A televisão teve tudo a ver com isso.

Nesse caldo de misturas, a moda segue os passos da mudança.

Twiggy vira símbolo *cult*, com as minissaias de Mary Quant, que chegaram em 1964.

> Twiggy vira símbolo *cult*, com as minissaias de Mary Quant, que chegaram em 1964.

Twiggy.

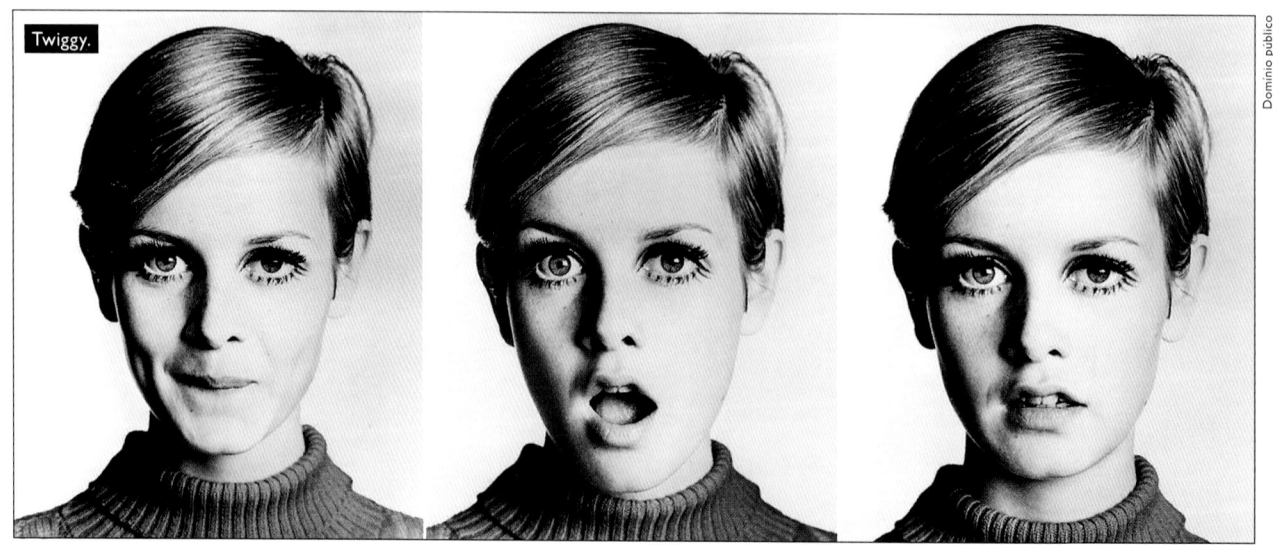

Domínio público

The Rolling Stones.

E a juventude muda os rumos do mundo e de sua própria vida. É a era de Aquário, do LSD, das bandas com letras ingênuas, Beatles e Rolling Stones – os rapazes pobres ingleses, das cidades de Liverpool (industrial e pobre) e Londres, respectivamente.

A banda Beatles se desfez em 1969 e cada um seguiu seu caminho: John Lennon casou-se com Yoko Ono e morreu assassinado em 1980; Paul McCartney continua na ativa e sua filha Stella é uma estilista famosa, conhecida por seu engajamento ambiental; George passou um tempo na Índia e morreu de câncer; Ringo Starr continua por aí, mas foi o que menos teve sucesso depois da banda.

Já os Rolling Stones eram irreverentes e audaciosos. Menos famosos que os Beatles na década de 60, hoje são a banda mais *cult* do mundo. Continuam na ativa com Mick Jagger, que ainda faz miséria no palco, um senhor de mais de 70 anos e com um filho brasileiro, dentre os seis que tem (pelo que se sabe...).

Mick Jagger virou símbolo *fashion* e é exemplo de se vestir para a moçada, mesmo não sendo mais jovem.

No cinema, essa vontade de mudar o mundo também se fez presente em filmes que mostravam jovens e rebeldes à procura da tão desejada liberdade. Daí, não se poder deixar de lado o filme ícone da década, *Easy Rider*, com Peter Fonda, no qual dois jovens em suas motos saem sem destino pelas estradas norte-americanas. Um símbolo da liberdade desejada, mas nunca encontrada, como eles pretendiam.

Tudo era novo e motivo para protestos. A liberdade ocidental começava a deixar marcas profundas. Tudo merecia ser mudado. O mundo deveria evoluir, harmonizar-se.

E a moda também!

Vamos fazer uma retrospectiva da década, pois a moda mudou completamente.

Em 1964, Mary Quant inventa a minissaia, apesar de nunca assumir isso, peça que será vestida por milhões de jovens em todo o mundo. Dizia que "a ideia da minissaia não é minha, nem de Courrèges. Foi a rua quem a inventou".

Os Beatles são a banda da vez, com músicas açucaradas e leves. Os Rolling Stones também iniciam sua carreira, que perdura até hoje.

The Beatles.

AVANÇOS CIENTÍFICOS

A década é marcada por novos avanços científicos. Em 3 de dezembro de 1967, o Dr. Christian Barnard, cardiologista sul-africano, realiza o primeiro transplante de coração do mundo.

O Brasil não fica atrás e, em 26 de maio de 1968, o cardiologista Dr. Euryclides de Jesus Zerbini realiza o primeiro transplante das Américas, onde seria, posteriormente, o maior centro de pesquisas e cirurgias de coração de toda a América Latina, o Incor, ligado ao Hospital das Clínicas da Universidade de São Paulo.

No mundo do consumo, as feministas aparecem pela primeira vez e queimam seus sutiãs em praça pública. Hoje eles estão de volta em modelos rendados e com sustentação para criar a ilusão de seios maiores (eita, mundo que não sabe o que quer...).

No Brasil, Roberto, Erasmo e Wanderleia iniciavam o movimento Jovem Guarda.

Roberto Carlos.

As modelos ícones da década de 60 foram Jean Shrimpton e a famosa Twiggy, assim chamada por parecer um gravetinho, de tão magra que era. Tudo o que Twiggy fazia era copiado por milhões de jovens, desde a maquiagem, os cabelos à la *garçonne* e os minivestidos tubinhos até as botas brancas (argh!, mas eram o que havia de *fashion*).

A era "disco" começa, mas terá seu auge apenas na próxima década.

Em maio de 1968, os jovens franceses mudaram a visão de mundo da geração ao iniciar greves estudantis que se transformaram em uma greve geral, com a adesão de milhões de trabalhadores.

A pílula anticoncepcional traz a liberdade sexual às mulheres.

Woodstock, uma fazenda, abriga o maior festival de música da história.

Os *hippies* surgem como alternativa de vida e "fundam" comunidades. O símbolo "Paz e Amor" é *cult* e sobrevive até hoje.

Jimi Hendrix no festival e o "Paz e Amor" psicodélico do evento.

John e Jackie Kennedy, toda de Chanel, no dia fatídico do assassinato do presidente em Dallas, 1963.

Martin Luther King Jr.

Morrem o presidente John Kennedy (1963), Robert Kennedy (1968) e Martin Luther King (1968), todos assassinados. Os três marcaram toda uma geração.

- **John Kennedy**, como presidente dos Estados Unidos, era a favor dos direitos civis e do rompimento total com a União Soviética.

- **Robert (Bob) Kennedy** era secretário de Justiça do irmão e linha-dura. Com a morte do irmão em 22 de novembro de 1963, começou a se preparar para ser o segundo Kennedy na Casa Branca. Foi assassinado durante a campanha presidencial, em 1968.

- **Martin Luther King Jr.** era ativista político pelos direitos civis e contrário à segregação racial, especialmente a sulista norte-americana. A marcha de Selma, no Alabama, até Montgomery, entrou para a história e teve combates com a polícia. Muitos morreram e outros contam a história de dor e sofrimento até a chegada de King. Em 2015, a marcha histórica completou 50 anos, com homenagens ao ex-presidente Barack Obama e a sua mulher Michelle, além do também ex-presidente George W. Bush. A marcha inspirou o filme *Selma*, que ganhou o Oscar. Avesso a confrontos, King foi assassinado em 1968.

skeeze/Pixabay

A liberdade trouxe seu reflexo nas roupas dos jovens: camisetas, calça cigarrete e desbotada, estampas psicodélicas e, claro, a minissaia, que veio para ficar, assim como os vestidos tipo tubinho.

O símbolo da rebeldia e a inspiração para os jovens eram os *looks* de James Dean (que havia morrido na década anterior) e Marlon Brando, jovens e bonitos, com suas jaquetas de couro, em motos ou lambretas. As moças bem comportadas deixaram de lado as saias rodadas de Dior e adotaram a calça cigarrete, num prenúncio de liberdade. Nessa liberdade foram incluídas todas as drogas ilícitas, da maconha ao LSD, com muitos artistas e anônimos morrendo de overdose...

Foi a década do prazer, da "Paz e Amor", dos símbolos nas *bijoux*, que adornavam o pescoço de gregos e troianos. Da era de Aquário e da geração *hippie*, cujos primeiros passos ecológicos para a preservação do planeta foram plataformas desse grupo que até hoje influencia a moda.

Todos queriam ser livres. E, em certo sentido, foram, sim. Nenhuma outra década daria tamanha liberdade aos jovens como os anos 60.

A partir dos anos 60, a rua passou a ditar a moda, numa virada de 180 graus. Se antes os estilistas ditavam,

> Tudo era permitido, e as mulheres começaram a vestir-se com o que lhes dava conforto e prazer.

agora era a população quem dava as cartas. Tudo era permitido, e as mulheres começaram a vestir-se com o que lhes dava conforto e prazer.

Na onda da defesa republicana e da liberdade de expressão, a década de 60 trouxe a moda democrática, eclética, quando qualquer um poderia usar o que lhe desse na cabeça. Uma moda que veio para ficar.

Democracia também na moda, como reflexo de um tempo que não volta mais. Tudo era intenso, rico de conhecimento, pois foram os anos em que os jovens tinham certeza de que mudariam o mundo.

Quando a década de 70 chegou e a moda seguia um fluxo leve e ameno, o Brasil já vivia seus anos de chumbo, sem liberdade de expressão, com tortura, presos políticos e muitos protestos, apesar de proibidos.

No entanto, o mundo *fashion* se expandia e criava conceitos e formas diferenciadas. Só voltou a puxar as rédeas nos anos 80, um delírio de mau gosto e presunção.

Foi a década do prazer, da "Paz e Amor", dos símbolos nas *bijoux*, que adornavam o pescoço de gregos e troianos.

BRASIL

O Estilo & Atitude de Dener Pamplona de Abreu

Enquanto a França já tinha, há décadas, a alta-costura das grandes *maisons*, o Brasil ainda engatinhava na moda.

Dener Plamplona de Abreu resolveu tentar incluir o Brasil na alta-costura. Requintado, seguro, estiloso, provocativo, escrachado e temperamental, era um estilista-estrela.

Nasceu no arquipélago de Marajó, Pará, mas foi no Rio de Janeiro que começou a desenhar, aos 13 anos. Em 1950, o passo para a fama: fez o vestido de debutante de Danuza Leão.

Famoso por mais de duas décadas, casou-se com Maria Stela Splendore, teve dois filhos e nunca assumiu sua orientação sexual: Dener, assim como Clodovil, era gay.

Viajadíssimo, estava sempre em Paris para os desfiles de alta costura. Mas sua fama e glória ficaram restritas às nossas fronteiras. Bom frasista, hoje seria considerado racista e preconceituoso, mas, nos anos 60, ninguém era politicamente correto.

Algumas frases do estilista:

"Eu criei a moda brasileira."

"Mulher chique é aquela que fica bem com qualquer trapinho."

Foi o preferido da nossa primeira-dama Maria Thereza Goulart: com o trabalho do estilista, foi considerada uma das primeiras-damas mais bem vestidas do mundo.

Dener morreu em 1978, vítima do alcoolismo, assim como tantas celebridades. O paraense conheceu o luxo, a fama e a riqueza, mas não conseguiu envelhecer e sair de cena.

O Estilo & Atitude de Clodovil Hernandez

A rivalidade entre Dener e Clodovil era escancarada. Não se sabia se era jogada de *marketing* ou se os dois se detestavam mesmo. Clodovil, assim como tinha talento para a moda, fez televisão, foi jurado de programa de auditório, ator, radialista e nunca escondeu sua adoção e sua sexualidade.

Ficou no teatro e na televisão por mais de duas décadas. Adorava ser visto e amado, mas era mordaz e de humor irônico. Tanto fazia seu público rir quanto chorar, em razão de sua mordacidade. Falava o que vinha à cabeça. Foi acusado de racismo, antissemitismo e foi parar em todas as manchetes de jornais.

Vestiu a cantora Elis Regina e a chiquérrima atriz de teatro Cacilda Becker, além das famílias Diniz (à época ainda dona do grupo Pão de Açúcar) e Matarazzo.

Clodovil fez de tudo um pouco. Sua última entrada em cena foi na política. Em 2006 elegeu-se deputado federal pelo PTC (Partido Trabalhista Cristão), possuindo inclusive o terceiro maior número de votos em São Paulo, estado por onde se candidatou. Irônico como sempre foi, usou abertamente sua sexualidade durante a campanha política.

Tornou-se o primeiro homossexual assumido a ser eleito deputado federal. Apesar disso, declarava-se contra a Parada do Orgulho Gay, o casamento homossexual e o movimento LGBT brasileiro.

Em setembro de 2007, decidiu trocar de partido e filiou-se ao PR (Partido da República), correndo desde então o risco de perder o mandato por infidelidade partidária, pois o Supremo Tribunal Federal decidiu em 2007 que o mandato pertence ao partido e não ao eleito. Mas, em 2009, foi absolvido por unanimidade dos votos. Fazia a festa no Congresso Nacional com seu jeito irreverente e sem papas na língua. Em março do mesmo ano, a morte o levou.

Seus trabalhos merecem sempre um elogio. Rigoroso consigo mesmo, dizia que sempre fazia o melhor e ainda melhoraria muito mais.

acervo UH/Folhapress

Anos 70

O festival de Woodstock repercutiu durante toda a década. Os artistas mais famosos, como Jimi Hendrix, Janis Joplin e Joe Cocker, eram a febre do momento. Os dois primeiros não chegaram ao final da década, pois morreram de overdose.

Jimi Hendrix é considerado o maior guitarrista de todos os tempos e teve a vida curta dos gênios dos anos 60 e 70: drogas, sexo e *rock and roll* nunca foram uma combinação muito boa. No entanto, era como os grandes artistas e a moçada da época viviam: chapados.

Jimi Hendrix.

Janis Joplin, com sua voz diferenciada, fez enorme sucesso. Muitos dizem que a cantora Amy Winehouse, que morreu de intoxicação alcoólica em 2011, era a substituta de Janis. Até o modo de viver se assemelhava: viveram intensamente e morreram jovens, ambas com 27 anos.

Janis Joplin.

BOB DYLAN

As canções de protesto de Bob Dylan fizeram do cantor e compositor uma espécie de porta-voz das gerações das décadas de 70, 80 e 90.

Robert Allen Zimmerman nasceu em 1941, no auge da Segunda Guerra. Sempre foi reservado. No entanto, quando solta a voz, suas letras atingem a todos. É poesia pura inserida em outro tipo de arte: a música.

Em 2012, ganhou a maior condecoração norte-americana, a Medalha da Liberdade, pelo então presidente Barack Obama.

Nas idas e vindas do cantor em público, acabou levando o Prêmio Nobel de Literatura em 2016, abrindo espaço para poetas músicos. Passou bastante tempo para se pronunciar após ter ganhado o prêmio, pois, segundo Dylan: "Eu fiquei sem saber o que dizer". Assim é Bob. Apenas mais um prêmio em sua carreira estrelada.

De acordo com a maioria da imprensa, o anúncio do Nobel de Literatura de 2016 surpreendeu. Pela primeira vez, o vencedor foi um músico. Muitos afirmaram que a arte existe para contestar, inclusive a si própria. Quem foi que disse que a literatura, a arte das palavras, é só para ler?

"Com literatura de ouvir, Bob Dylan se tornou um dos artistas mais influentes de toda a música *pop*. Já tinha ganhado um Oscar, um Globo de Ouro, dez Grammys, um prêmio Pulitzer. Agora, tem também um Nobel. Nenhum ser humano conseguiu tanto", afirmou o *Jornal Nacional* de 13 de outubro de 2016.

Reparem em sua expressão de "cansaço". Talvez por tanta badalação em torno de seu nome? Talvez pelos 75 anos de estrada. Ele continua fazendo a *Endless Tour*, ou seja, a turnê que jamais acabará.

Mesmo sem aparecer na mídia, Dylan jamais parou de cantar e compor. Seus *shows* vão a pequenas cidades e a grandes metrópoles, com ele sempre cantando o que lhe vier à cabeça.

Bob Dylan é assim.

Tudo nele é protesto!

Bob Dylan e Joan Baez, no início da carreira, também estiveram em Woodstock.

O movimento "*flower power*", traduzido como "Paz e Amor", foi, na realidade, um movimento de protesto contra a Guerra do Vietnã e a vontade de mudar o mundo para uma maior harmonia entre os povos. Deu tudo errado!

> Coletes franjados, calças largas, saltos plataformas e pantalonas. Tudo bem confortável. Tudo bem *relax*!

Com nítida influência do movimento *hippie*, a moda dos anos 70 tinha uma estética diferenciada e, podemos dizer, psicodélica. Os vestidos eram compridos, as mulheres colocavam flores na cabeça e a rasteirinha iniciou sua trajetória rumo ao sucesso. Coletes franjados, calças largas, saltos plataformas e pantalonas. Tudo bem confortável. Tudo bem relax! Foi nessa fase que o poncho, uma vestimenta dos habitantes dos Andes, chegou com tudo, assim como a calça de couro.

A geração mais velha não via o movimento com bons olhos. Os jovens usavam drogas e não tinham vida profissional, o que mais interessava à velha geração. Ficava a dúvida: como criar os filhos numa década tão conturbada?

A revista *Vogue America* fotografou capas com as modelos mais famosas ao estilo "*flower power*", tal era a disseminação do conceito de liberdade e de cada um viver a sua vida a seu modo.

O estilo era livre. Era preciso, sim, ter atitude e autoestima, algo que os chamados "anos rebeldes" trouxeram para ficar. Hoje, o "*boho chic*" é consumido por todas as idades, pela própria recriação de ver a moda e também a influência das ruas, bastante forte atualmente.

Típica forma de vestir do estilo *hippie*, hoje chamado de "*boho chic*". Mudou o nome, mas não deixa de ser um *revival* super-realista da moda dos anos 70.

Twiggy, ainda famosíssima nos anos 70, em estilo "*flower power*", na capa da *Vogue America*.

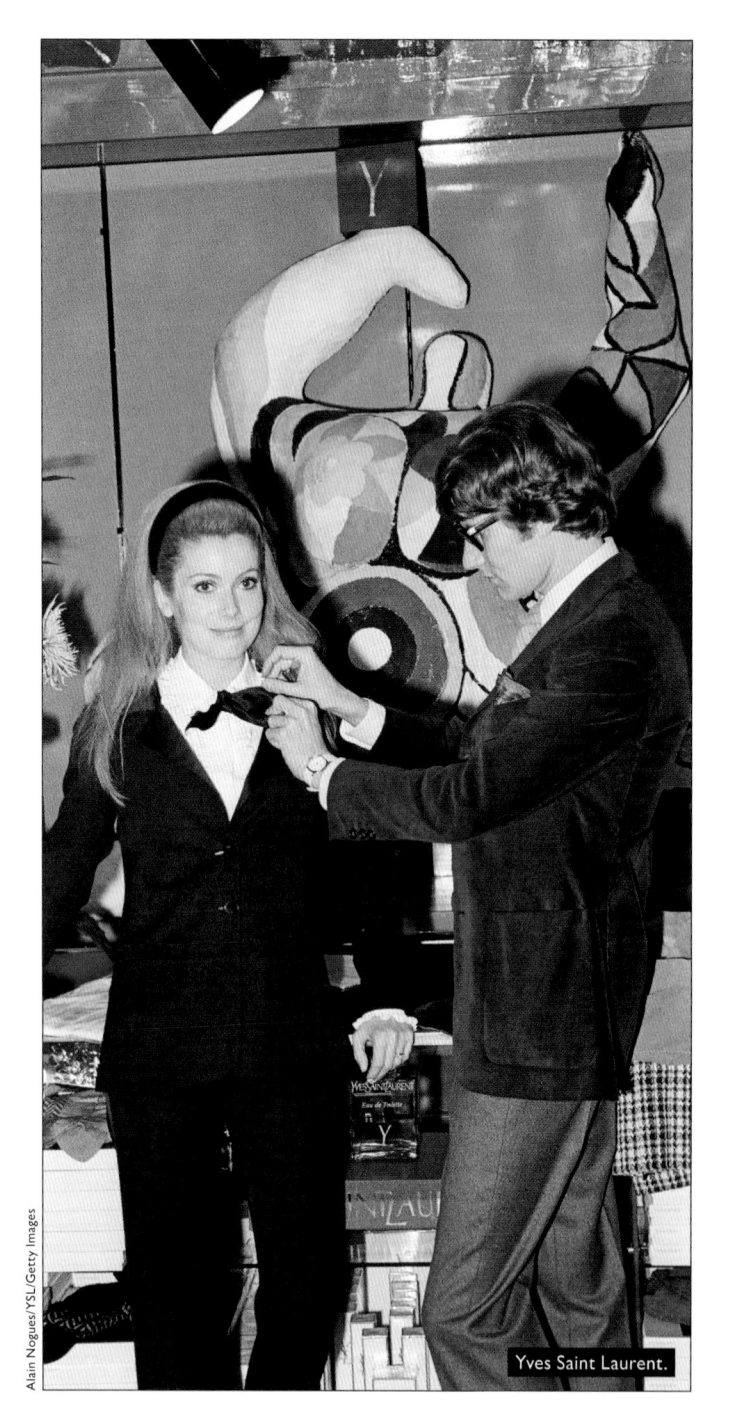

YVES SAINT LAURENT

Do outro lado da moda, iniciava-se a era do *prêt-à-porter*. E quem começou a revolução da moda foi um jovem estilista, tímido e recolhido, da alta classe média francesa: Yves Saint Laurent.

Sua estética era nova, vigorosa, arte pura. O auge de sua criação foi o *smoking* feminino, vestido por Veruschka, aquela mulher imensa de quase dois metros, e pela linda e diáfana Catherine Deneuve.

Bergé conheceu Yves de vista, no enterro de Christian Dior, em 1957. Mas somente em 1958, num jantar, ambos se conheceram verdadeiramente. Foram 50 anos de sociedade e, mesmo separados em 1976, continuavam juntos. O documentário *O louco amor de Yves Saint Laurent*, dirigido por Pierre Torenton, em 2010, detalha a vida do artista, como o chamava Bergé, comentada pelo sócio de uma vida inteira. Diz Toreton que *l'amour fou* trata desses 50 anos de "amores ardentes e atormentados". Juntos, revolucionaram o mundo da moda.

A partir do momento em que a fama trouxe uma excelente situação financeira, sendo ambos amantes das artes, começaram uma das maiores e melhores coleções de arte, com peças do mundo inteiro. No entanto, já era final da década de 70 e Yves entrou no

Yves Saint Laurent.

mundo do álcool e das drogas, agravando suas crises de depressão. "Yves já nasceu com depressão", disse Pierre Bergé numa entrevista à revista *on-line The Talks*, em 2012. Sempre de terno, Laurent era a elegância personificada, assim como Bergé não dispensava o chapéu, tão usado nos anos 50 pelos "cavalheiros".

Após a morte de Yves Saint Laurent, em 2008, Bergé resolveu leiloar a coleção de arte dos dois, cujo valor era de quase meio bilhão de euros. Acabou vendendo tudo por cerca de 853 milhões de reais, pela famosa casa de leilões Christie's, no Grand Palais, em Paris.

O objetivo era a Fundação Pierre Bergé-Yves Saint Laurent, para resguardar o legado criativo do estilista. "Yves criava e eu cuidava das finanças", afirma Bergé na entrevista, revelando que o dinheiro não era importante para o estilista, mas sim suas criações. Vivendo toda uma vida com uma pessoa de uma tristeza infinda, Bergé afirma que Laurent vivia para o trabalho. "Os dois grandes revolucionários da moda do século XX foram Chanel e Yves Saint Laurent, mesmo com a importância de Christian Dior, com seu *New Look*, e Balenciaga", define Pierre Bergé.

"Chanel deu liberdade às mulheres. Yves Saint Laurent as empoderou."
– Pierre Bergé, sócio e companheiro.

Estampa com ícones da pintura de Mondrian, pintor holandês, modernista.

"Yves se aposentou em 2002, aos 65 anos, e morreu na hora certa", uma frase forte de Bergé, mas que espelha bem o artista que Yves era e cuja identidade não inseriria no mundo da moda de *marketing* e comércio puros. Para Bergé, o que contava eram as criações. Yves morreu de câncer no cérebro em 2008. Não sem antes mudar completamente o universo *fashion*, com suas coleções revolucionárias.

A foto mais icônica do *smoking* foi tirada por Helmut Newton, em 1975, e "causou", assim como sua coleção inspirada no pintor Mondrian.

A moda jamais seria a mesma depois de Yves Saint Laurent. A França exportou Chanel, Dior e Saint Laurent, e Paris tornou-se a maior capital da moda de todos os tempos. As semanas de moda ainda não existiam, mas a cidade já era absoluta, seguida de muito longe por Milão.

Hoje, um *must-have* para as mais descoladas não é apenas uma releitura do "*smoking* feminino", mas sim a coleção Mondrian, *cult* demais para ser esquecida e ainda vendida como *vintage* em brechós de grande estilo, como os da Place Royale, em Paris.

São brechós que se constituem apenas de grandes marcas, cujos preços não são de brechós, mas sim de *boutiques* multimarcas, com excelência e qualidade das peças. Difícil de comprar, mas gostoso de apreciar.

Quando for a Paris, vale reservar um dia inteiro para percorrer os brechós mais descolados da cidade, especialmente no Le Marais, bairro reestruturado que se tornou sinônimo de arte e *looks vintage*, além, claro, dos da Place Royale.

> "Os verdadeiros artistas vivem uma vida paralela, mas mesmo assim revolucionam sua época."
> – Pierre Bergé

CATHERINE DENEUVE

A atriz de *A bela da tarde* foi projetada para o mundo. Foi, inclusive, a face de "Mariana", símbolo da Justiça Francesa. É ícone na França e serviu de modelo a Yves Saint Laurent durante muitos anos.

Deneuve, sem dúvida, é adorada até hoje pelos franceses. Estilo & Atitude, ela tinha de sobra e soube envelhecer muitíssimo bem.

Catherine Deneuve.

Com a crise do petróleo em 1973, a renúncia de Richard Nixon em 1974 e a derrota na Guerra do Vietnã, o consumismo norte-americano espalhou-se pelo mundo com a popularização da televisão. Tudo era visto em questão de horas (nos anos 2000, assistimos a todos os conflitos em tempo real). Eclodiam nessa época os movimentos musicais das discotecas e também o experimentalismo na música erudita.

A moda *disco*.

Costanza Pascolato começava a aparecer como consultora de moda e iniciava um movimento bastante forte em todo o Brasil. Os artistas passaram a ter um profissional de moda para vesti-los e Costanza tornou-se a grande musa do mundo *fashion*.

Depois chegaram Glória Kalil, Regina Guerreiro, já nos anos 2000, e tantas outras menos famosas.

Costanza Pascolato – Estilo & Atitude até hoje.

Glória Kalil.

"Ser chique é ser educado e gentil."

"Chique é entender que ninguém é mais que ninguém."

"Chique mesmo é ser discreta."

"O pior tipo de deselegância é a falta de educação."

– Glória Kalil

A novela global *Dancin' Days* foi uma febre no Brasil, com o figurino de Sônia Braga espalhado por todo o país. Sandálias altas com meias soquetes de Lurex, calças de ginástica e bustiê ou miniblusas eram o uniforme das meninas adolescentes.

A inovação veio pela abordagem da moda em tempos de *disco music* e de mudanças de comportamento da própria sociedade brasileira.

Na música, David Bowie, com seu jeito andrógino, lançava não apenas um novo som, mas também um estilo masculino de vestir. Com atitude para dar e vender, os homens começaram a imitar um ou outro figurino de Bowie. Hoje, todos vestem os *looks* do cantor, casado até sua morte, em 2016, com a modelo lindíssima Iman Bowie.

OS FOCOS DA MODA ANOS 70

Óculos enormes.

Tênis All Star.

Estilo *hippie*, com cabelos ao estilo "panteras negras", movimento de direitos civis, nos Estados Unidos.

Tamancos. No Brasil, eram os do Dr. Scholl. Febre total!

Jeans e calças militares com enormes bocas de sino.

113

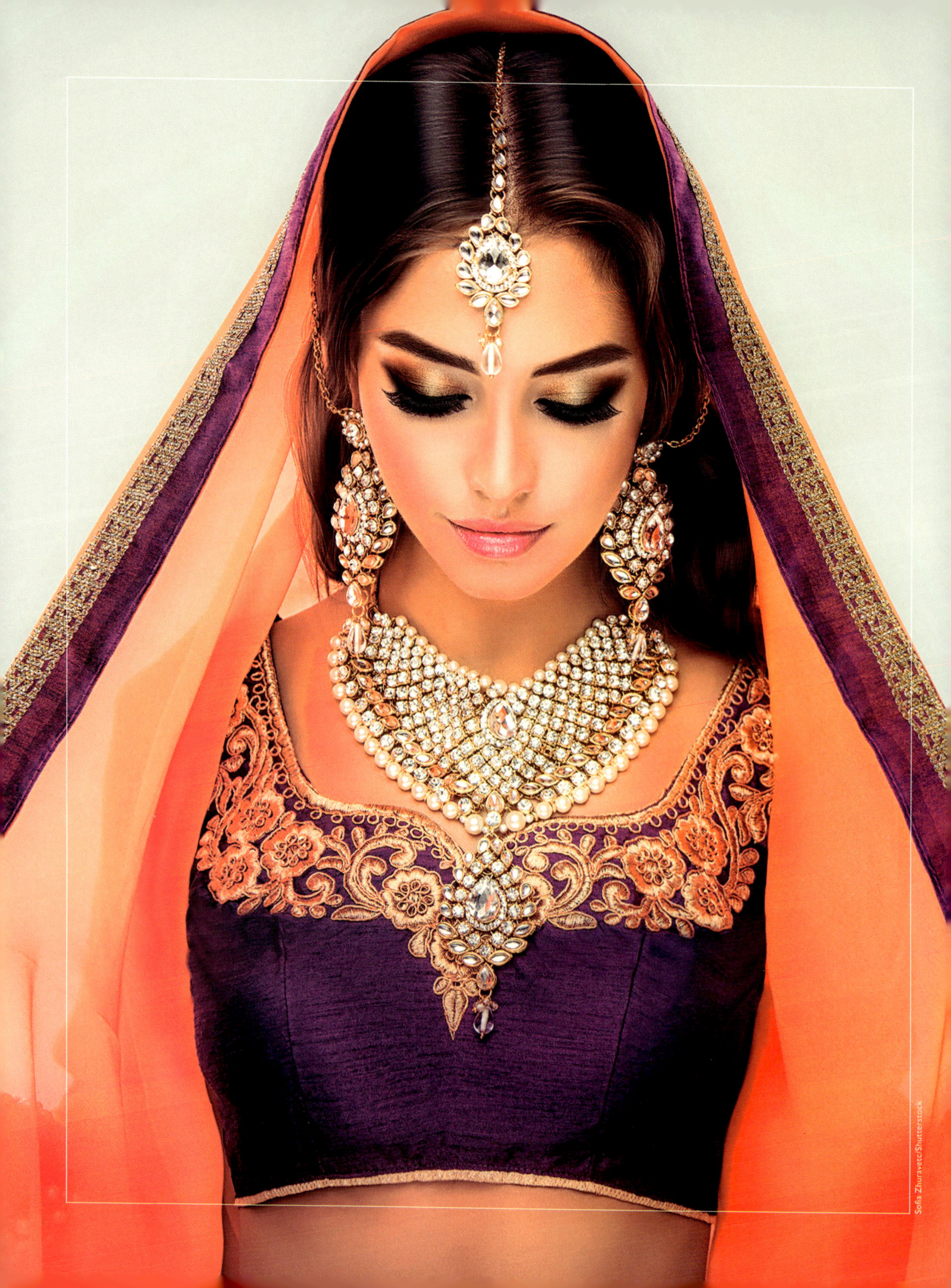
Sofia Zhuravetc/Shutterstock

As coleções dos estilistas nos anos 70 baseavam-se em diferenças étnicas e usavam muito brilho nos acessórios. A Índia teve seu apogeu graças ao movimento *hippie*, que ia buscar a paz e a harmonia interior no hinduísmo e em seus gurus. Muitos ficaram famosos depois da estada dos Beatles por lá.

George Harrison foi o mais influenciado pelos ensinamentos e sempre tentou viver de acordo com os preceitos de seu guru, mesmo no Ocidente.

O sári, vestimenta típica da Índia, virou febre. Nas grandes festas, mulheres brasileiras se enrolavam de tal forma que mal podiam andar.

Até a boneca Barbie se vestiu de *hippie* nos anos 70, com calça *patchwork*, bata indiana, franjas e óculos redondinhos. Aliás, as batas indianas eram o *must-have* da década, assim como qualquer item que viesse da Índia.

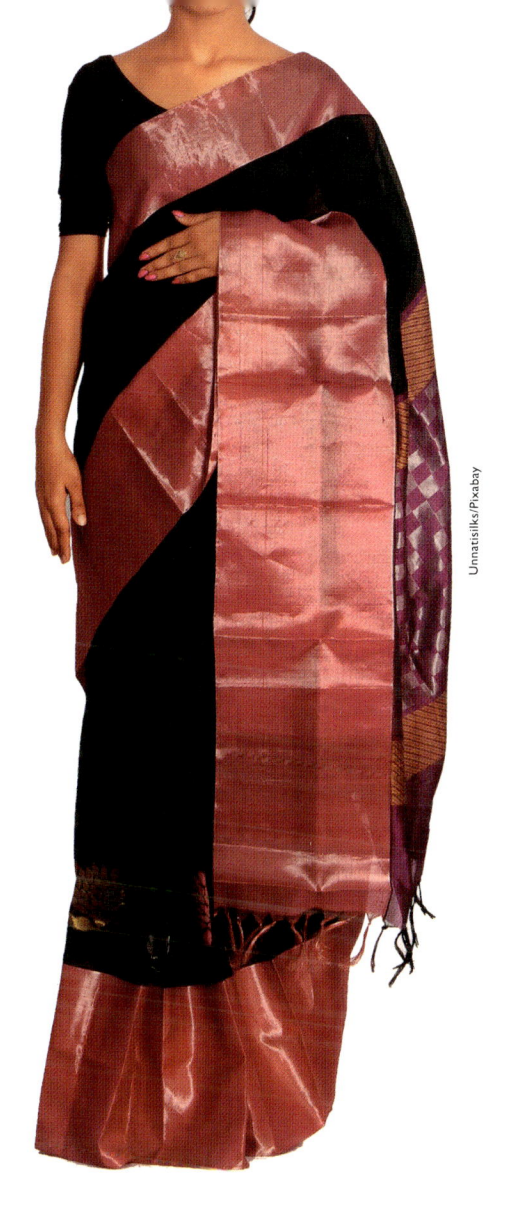

Os tecidos étnicos eram o sucesso das passarelas no mundo inteiro. Paris e Milão, mercados já consolidados à época, criaram todas as coleções baseadas na etnia de vários povos.

Os acessórios eram extravagantes e com muita pedraria. Começou aí a mistura de joias verdadeiras com bijuterias chamativas. Quanto mais brilho, melhor. Exatamente como hoje.

Saias bem ao estilo cigano, com estampas de todos os gêneros.

Interferência de brilhos e plumas em tudo. O boá era usado de manhã até a noite.

Botas de camurça e sandálias com imensas plataformas estilo anabela.

Saias longas e calças de cintura baixa e as conhecidas calças *saint tropez*, usadas com cintos enormes ou com penduricalhos.

Roupas artesanais, com materiais naturais e tinturas caseiras. O famoso *tie die*, quem diria, começou em casa.

No final da década, iniciou-se o reinado da editora de moda da *Vogue* americana, a poderosa, estilosa e com atitude absoluta Anna Wintour, que fez escola por décadas. O filme *O diabo veste Prada* foi baseado em sua história real, de disciplina, amor incondicional ao que faz e *workaholic* de enorme sucesso mundial.

E mais: assim como todas as poderosas do mundo, ela não tem o menor problema em repetir roupas. Já houve semana de moda em que repetiu o *tailleur* Chanel três vezes. Aliás, Anna adora tudo o que é Chanel (e quem não?).

Para finalizar, a década terminou com o primeiro bebê de proveta do mundo, em 1978, na Inglaterra. A partir desse fato, a medicina não parou de evoluir...

Anos 80
a década
do exagero

EXTRAVAGANTE!

A palavra define a década, tanto nas roupas quanto nos cortes de cabelo. A ginástica torna-se febre e Jane Fonda lança seu programa de *fitness*.

oneinchpunch/Shutterstock

Madonna é o grande ícone do momento. Atualmente, quase sessentona, mantém o corpo sarado e a ousadia como norma de vida. Dizem que com os filhos o papel interpretado é o de mãe conservadora. Será?

Sua maneira arrojada de se vestir causou sensação nas fãs que copiavam – e copiam – seus modelitos. Estilistas famosos, como Versace, fazem até hoje os figurinos de suas turnês mundiais.

Sua maneira arrojada de se vestir causou sensação nas fãs que copiavam – e copiam – seus modelitos.

Farrah Fawcett.

É a fase das *leggings*, dos moletons, da manga morcego, da calça com imensa boca de sino, dos brilhos exacerbados, das plataformas.

Em todos e quaisquer lugares, mulheres e homens usavam moletons. De todas as formas.

O mais comum eram aqueles de *high schools* e *colleges*, com capuz, chamados de *hoodies*.

Os cabelos conhecidos como à la *pigmalion* foram inspirados na atriz norte-americana Farrah Fawcett e virou febre mundial. Mulheres de todas as idades pediam o novo corte de cabelo. Durou enquanto a atriz era uma das *Charlie's Angels*, série de televisão – *sitcom* – que também era sucesso, tendo Farrah como uma beleza icônica e estilosa.

Brilhos de todas as procedências – lantejoulas, *glitter* – eram características do exagero da década.

Todas as mulheres passaram a ser altíssimas com as plataformas dos sapatos, novamente em uso nos dias atuais, com torções graves nos pés, de causar dor só de olhar. Nos anos 80 e hoje também.

Desconfortáveis, as plataformas prejudicam a movimentação dos pés e tornozelos. Daí, cair e torcer o tornozelo não precisa muito. Portanto, cuidado se você gosta de plataforma ou meia pata, como é chamado hoje em dia.

Ombreiras enormes, com modelagem masculina, faziam a cabeça das mulheres, que as usavam com bermudas de linho ou com as famosas calças *bag*, hoje *boyfriend*.

Muito houve nos anos 80: a epidemia de aids se alastrava, os gays eram discriminados, a corrida ao espaço ganhava novos contornos e a tecnologia começava a afetar a vida das pessoas, com os computadores gigantes e os telefones celulares que mais pareciam tijolos.

Era tempo de *hard rock*, *heavy metal*, U2, Duran Duran.

A geração da *dance music* chegava com força total, com o Studio 54, em Nova York, bombando. Michael Jackson iniciava sua carreira solo, com figurinos de muito brilho e exagero, depois de anos com os irmãos na banda The Jackson Five. Seu sucesso foi imediato. Com coreografias ousadas, Michael começava a trajetória para tornar-se o rei do *pop*. Sua morte, durante os ensaios da turnê *This is it*, aos 50 anos de idade, comoveu o mundo inteiro. Seu legado fica para sempre.

Tipicamente *80s*.

David Bowie.

Michael Jackson.

Michael criou todas as coreografias copiadas nos quatro cantos do mundo. *Covers* e mais *covers* do cantor espalharam-se pelo mundo e ainda sentem sua falta...

Mas é o inesquecível e genial David Bowie que transgride todas as regras e também estava em alta para tornar-se ícone eterno da música *pop*. Se na moda tudo era exagerado, na música, os melhores movimentos vieram da década de 80.

Queridinha de Yves Saint Laurent, Iman Bowie também é da época na qual as modelos iniciavam carreiras milionárias. Casou-se com David Bowie em 1992 e permaneceu ao seu lado até sua morte.

Para a época, ser bem vestido era apenas um detalhe se não houvesse um belo corpo. A mania da malhação e da ginástica deixou todos obcecados por um corpo torneado e magro, algo que ainda hoje cria inúmeros problemas às modelos, como distúrbios alimentares (anorexia e bulimia).

Nos anos 70, Veruschka já começava a chamar a atenção pelo seu jeito misterioso. Agora, nos anos 80, é o auge dela. Linda, loira e alta, sumiu como apareceu: de repente...

Outras duas modelos da época foram Grace Jones, que é cantora atualmente, e a onipresente – até hoje – Naomi Campbell.

Também chegou a vez de Inès de la Fressange, a modelo Chanel mais famosa do mundo e queridinha de Karl Lagerfeld, que havia assumido a *maison* da 31 Rue Cambon, em 1983. Inès lança moda não apenas vestindo Chanel, mas também pelo seu estilo de vida. Não gostava de saltos – e não gosta até hoje –, pois tem 1,80 metro de altura. Ao lançar seu livro *La Parisiènne* (no Brasil, em 2012), o tempo de ícone *fashion* voltou. Hoje, ela tem sua própria grife e é vista entre celebridades e tapetes vermelhos. Se puder, de sandálias rasteiras. Faz da internet sua voz para o mundo.

Veruschka.
Franco Rubartelli

Grace Jones.
Fonte desconhecida

Naomi Campbell.
Renan Katayama/Domínio público

Grace Jones.

Naomi Campbell.

Cindy Crawford por *Vogue America*: a modelo mais bem paga do mundo antes de Gisele Bündchen, que começaria a fazer sucesso na década de 90.

E, para fechar os anos 80, outra mania que começou na década e perdura até hoje é a de relógios, que encontrou seu apogeu nos anos 90, com os finos e coloridos Swatch.

E encerramos nossa passagem pelos anos 80 com as primeiras máquinas de *videogame*, uma indústria que cresceu e é gigante de vendas a cada ano.

Quem poderia imaginar?

Anos 90
Sem a exuberância dos 80, mas com o despojamento que o mundo já permite

Bem menos chamativos que a década anterior, os anos 90 trouxeram *looks* com modelagens mais retilíneas e cores neutras, como branco, preto e cinza. Mas nem tudo era leve e menos exagerado que os anos 80.

A década começou com a reunificação da Alemanha, depois da queda do Muro de Berlim, em 1989. Um momento de grande euforia tomou conta do mundo. Já em 1991, com extremas mudanças, a União Soviética deixou de existir e os países-satélites começaram vida nova, não sem muita luta e sacrifícios, já que a economia estava em frangalhos.

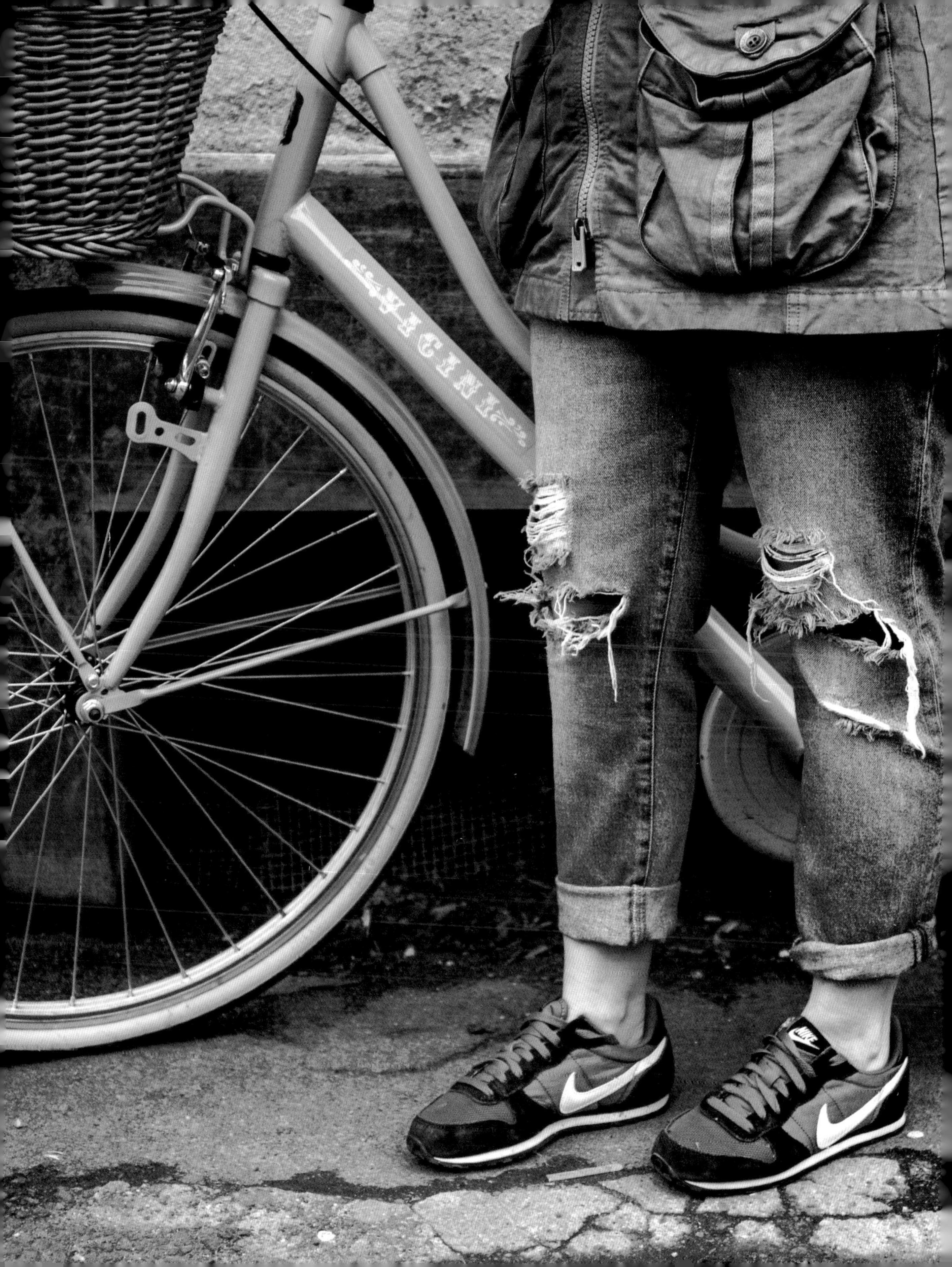
NIKE

Nirvana.

Kurt Cobain – símbolo do movimento *grunge*.

Em meio a tantas mudanças político-econômicas, surge o movimento *grunge*, de Seattle, Estados Unidos, que ganha força e reflete as mudanças da época.

Em 1993, Bill Clinton assume a presidência dos Estados Unidos, iniciando a era liberal na economia e nos costumes.

Em meio a tantas mudanças político-econômicas, surge o movimento *grunge*, em Seattle, Estados Unidos, que ganha força e reflete as mudanças da época.

O *grunge*, iniciado como movimento comportamental alternativo, assim como o *punk*, fez a cabeça dos jovens e tomou as ruas com seu estilo largado. Jovens vestidos com camisas xadrezes (madras) largas e coloridas. Primeiramente nos Estados Unidos e, logo depois, no mundo inteiro. Também, como em todas as décadas, pode-se afirmar que era uma forma de ser rebelde e de "dar as costas", agredir o chamado *status quo* da sociedade. Não por acaso, o ícone *fashion* e comportamental dessa geração é Kurt Cobain e sua banda Nirvana. É como se o movimento quisesse revisitar toda a década de 60, aquela que tinha certeza de que mudaria o mundo. O *grunge* passou por essa maneira de ver o mundo, mas de uma maneira triste e com pouca esperança. Afinal, o mundo havia mudado demais.

Como é o *grunge* hoje: ainda bem semelhante ao usado na década de 90, ou seja, com apreço pelo conforto e rebeldia. Ashley Benson mostra que não precisa de muito mais para criar um *look grunge* que muitos acreditam... lindo (assim como a moda *hippie*)! Peças-chave necessárias para montar o visual: camisa xadrez, coturno, *jeans* rasgado, camiseta branca.

O modo de vida da moçada refletia-se na roupa: desarrumada, desleixada, como se quisesse deixar o mundo real de fora. O estado de espírito também rumava para a mesma desarrumação, como rebeldes sem causa.

O suicídio de Kurt Cobain, aos 27 anos, deixou o mundo sem seu ídolo, e sua mulher Courtney Love, dona de seu legado, passou a curtir e a criar suas confusões de estrela tardia. Os fãs do astro nunca gostaram dela e muitos acreditam que ela teve sua parcela de responsabilidade na morte do cantor. *Who knows?* O certo mesmo é que a carta de despedida de Cobain correu o mundo, fazendo toda uma geração chorar. Ainda hoje o texto do bilhete de suicídio é estampado e vendido em camisetas (poucas peças) no eBay a preços astronômicos.

Coturno bastante gasto à moda *grunge*.

Em 2005, uma matéria assinada pelo jornalista Bruno Astuto para a revista *Época* trazia a classificação de artistas mortos que mais ganharam dinheiro após sua despedida. Cobain estava na lista com 50 milhões de dólares.

Um jovem desajustado, de família desestruturada, Cobain sofreu demais com o divórcio difícil e aguerrido de seus pais. Um depoimento que mostra o estado depressivo do cantor e guitarrista é: "Eu me lembro de sentir-me com vergonha por várias razões. Eu tinha vergonha dos meus pais. Eu não podia mais encarar alguns de meus amigos na escola, porque eu queria, desesperadamente, ter uma clássica, típica família. Mãe, pai. Eu queria essa segurança e assim eu tive raiva de meus pais por muitos e muitos anos".

Era o início da moda *tattoo*, que se exacerbou nos anos 2000. O *graffiti* era a forma de arte do momento, primeiramente vista apenas como vandalismo rebelde. Hoje, os grafiteiros são famosos como qualquer artista com talento (veja as obras de Banksy).

MODA ALTERNATIVA

Movimentos iniciados nos anos 80 foram determinantes a partir dos anos 90: *punk*, *grunge*, natural. Os movimentos alternativos, mais à moda *hippie* que *grunge* ou *punk*, têm como foco a natureza e a preocupação com o planeta. O mercado descobriu o filão de roupas e acessórios ecológicos e a vida tornou-se voltada para uma forma mais amena e natural. Afinal, o mundo precisava de um novo rumo, e nada mais lógico do que exacerbar a geração natureba dos *hippies* para algo ainda mais, digamos, "fundamentalista".

Era a origem do veganismo, contra tudo o que não é natural, contra ingerir carnes de qualquer tipo, contra tudo o que é industrializado. A arquitetura de terra era o sonho de consumo de dez entre dez veganos, que pretendiam morar em casas construídas com materiais naturais. As indústrias foram postas à prova e a agricultura orgânica dá seus primeiros passos.

Nos anos 2000, especialmente na segunda década do século, a moda alternativa, assim como os alimentos orgânicos, abre o mundo *fashion* para o Estilo & Atitude individuais. Acabava a era dos ditames da moda.

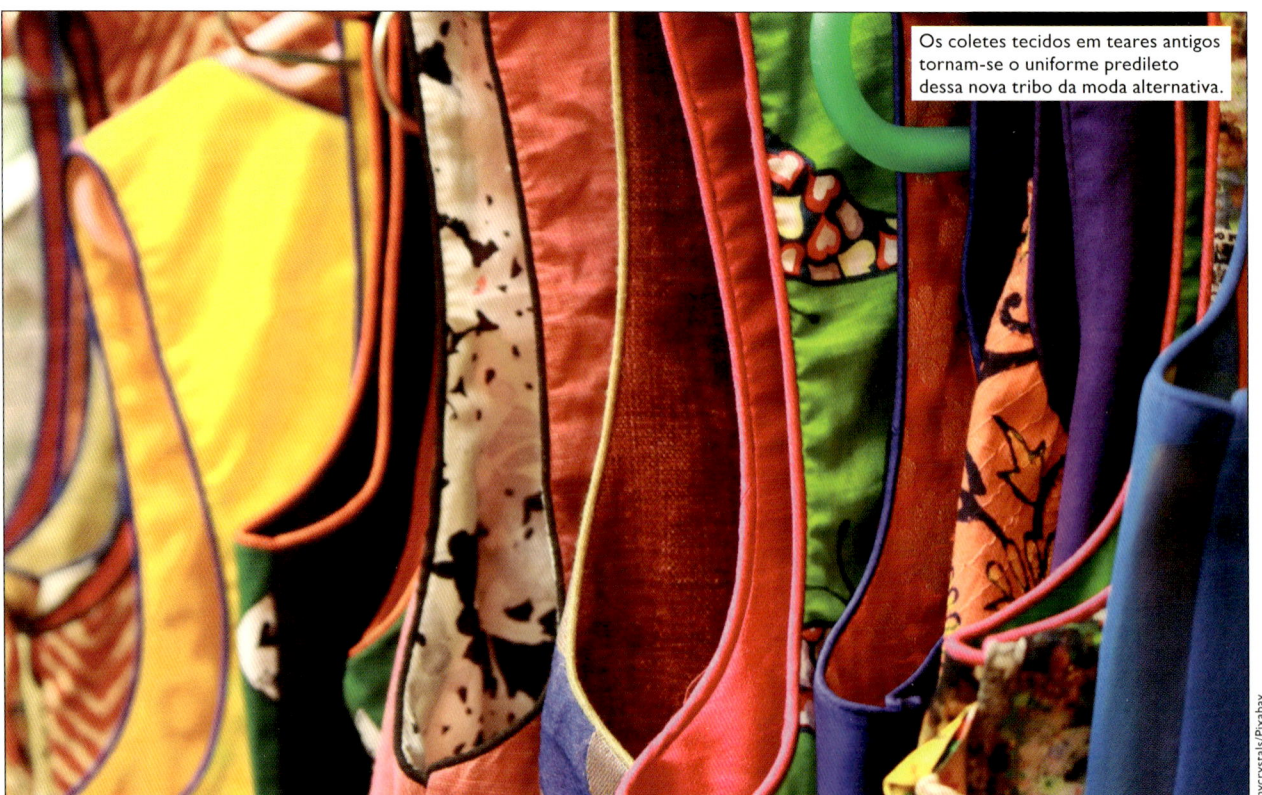

Bolsas alternativas, de algodão natural ou de qualquer material que possa ser reutilizado: lonas, cartazes de plástico, papel reciclado...

Os coletes tecidos em teares antigos tornam-se o uniforme predileto dessa nova tribo da moda alternativa.

Steve Jobs e Bill Gates começam suas experiências com o que viria a ser o computador de mesa, portátil e individual. E revolucionam o mundo mais uma vez!

Antes deles, apenas algumas indústrias, como a Philips, tinham *mainframes*, máquinas imensas e vagarosas, comparadas com as dos dias atuais. Tanto os *mainframes* quanto os computadores de mesa foram diminuindo até o atual *smartphone*, que faz tudo e muito mais que os primeiros computadores individuais. A revolução tecnológica havia apenas começado e sua evolução ainda não parou. A vida fica cada vez mais conectada ao mundo virtual e desconectada do real. É dessa época também o início do Facebook, criado por um brasileiro, Eduardo Saverin, e seu sócio, Mark Zuckerberg.

Entretanto, nem tudo era depressão e desesperança ou "corrida para o mato". Todos estavam procurando o que sempre procuraram: felicidade!

As *maisons* de moda traziam essa felicidade a poucos, em Paris, Milão e Nova York, que estavam a pleno vapor. Muitos estilistas tornaram-se famosos na década de 90: John Galliano, Versace, Tom Ford, Ralph Lauren, Donna Karan e tantos outros. Era a moda *prêt-à-porter*, com campanhas milionárias que fizeram a festa das modelos.

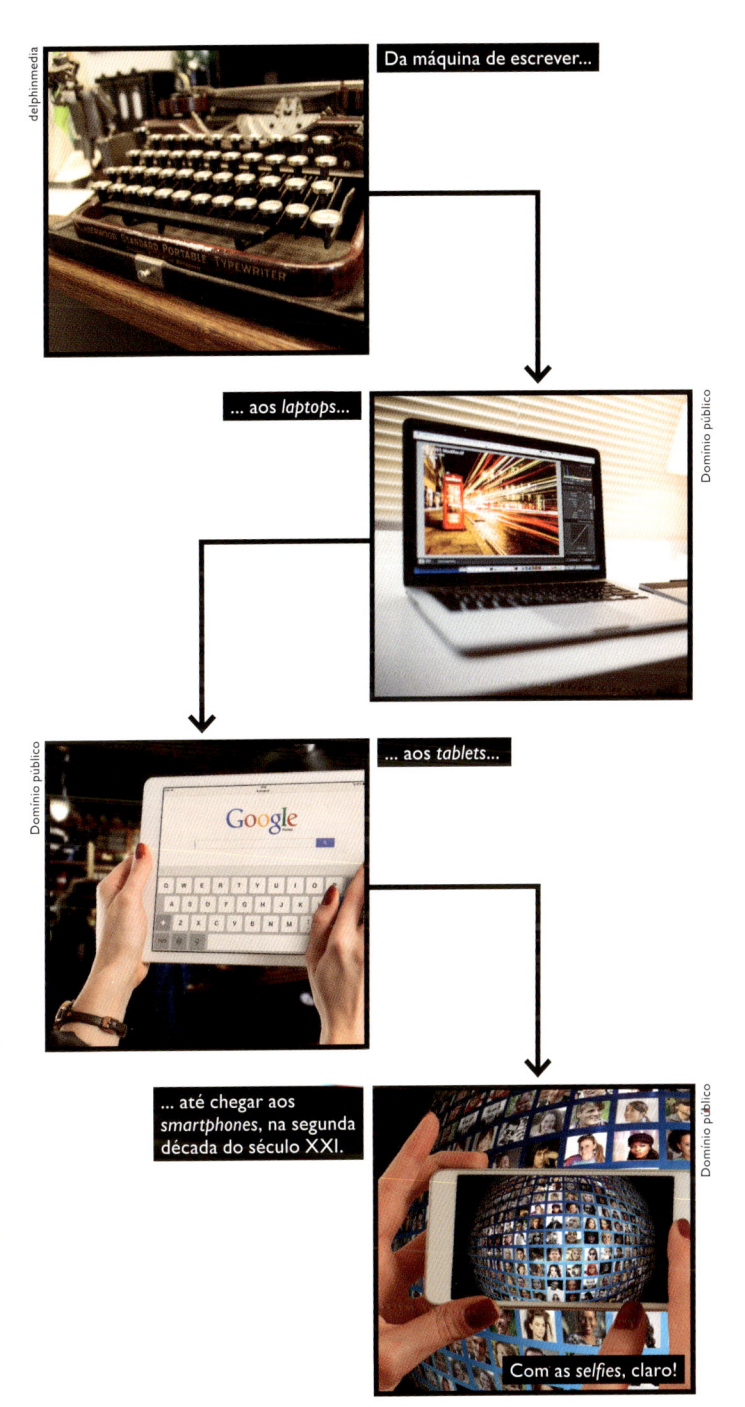

Da máquina de escrever...

... aos *laptops*...

... aos *tablets*...

... até chegar aos *smartphones*, na segunda década do século XXI.

Com as *selfies*, claro!

RALPH LAUREN

Com estilo mais clássico, Lauren se veste de preto diariamente por ser mais fácil, além de elegante e confortável. Suas coleções, tanto masculinas quanto femininas, trazem sempre um toque retrô.

As grandes lojas de marca começaram sua internacionalização ao garantir primeiramente os mercados norte-americano, europeu e asiático e, posteriormente, países emergentes, o Brics – Brasil, Rússia, Índia, China e África do Sul –; de Louis Vuitton a Adidas, de Prada a Valentino, outro grande desde os anos 60 e ícone italiano. E não param mais. Enquanto os países sofrem com recessão, inflação, desemprego, o mercado do luxo avança cerca de 20% ao ano. Infelizmente, os executivos das grifes são praticamente os únicos que riem de orelha a orelha.

Quanto aos pobres mortais... Bem, essa é uma história político-econômica que não cabe neste livro.

Portanto...

O classicismo inicial de RL começa a ter mais audácia à medida que o mundo se transforma.

GISELE BÜNDCHEN

Gisele foi deixando as passarelas pouco a pouco, apenas cumprindo seu contrato com a marca brasileira Colcci. No entanto, continua a fotografar como nunca, mas escolhe seus trabalhos. Tem uma série de produtos com seu nome, em franquias, além de ter sido a Chanel's Face de 2015, para o perfume *cult* Chanel N° 5, em um vídeo apresentado em todas as televisões do mundo.

No Brasil, fotografa para a rede de lojas de joias Vivara.

É sempre possível vê-la em Boston, onde mora com a família, ou em Nova York, onde viveu desde os 16 anos quando foi descoberta, passeando com seus filhos.

Entretanto, Gisele nem sempre foi o que é hoje. Havia símbolos mais famosos e um deles foi a mulher mais fotografada do mundo: Lady Diana Spencer, a Princesa de Gales.

Gisele Bündchen começa sua ascensão e até hoje é a modelo mais bem paga do mundo.

Look-uniforme: calça *jeans*, camiseta branca e Havaianas

Havaianas é a marca que se reposicionou no mercado: de popular, para a classe média baixa e trabalhadores braçais, direto para os pés mais famosos do mundo. Com diversos modelos, a sandália entrou para o mercado do luxo, com parceiras como Cristais Swarovski e outras marcas famosas de *bijoux*. Os *hippies* já usavam as sandálias de dedo, mas como forma de protesto contra a indústria dos sapatos de luxo.

Tiago Chedjak/Domínio público

AYRTON SENNA

Um dos maiores pilotos de Fórmula 1, Ayrton Senna trouxe autoestima aos brasileiros. Suas corridas eram vistas por todo o país e pelo mundo. Era ídolo na Europa, na Ásia, em praticamente todo o planeta. Conseguiu a proeza de colocar a Fórmula 1 na mesma posição que o futebol para os brasileiros.

Sua morte, em 1º de maio de 1994, abalou o mundo do esporte e o planeta chorou por dias, dando seu adeus. Impressionante foi sua popularidade no Japão, onde as pessoas se abraçavam e choravam copiosamente, um comportamento nada comum para os asiáticos. No Brasil, a comoção foi imensa.

O tricampeão pela McLaren deixava o Brasil órfão de mais um ídolo. E o país chorou como nunca. Mais uma esperança de nos sentirmos parte de um mundo idealizado quebrou-se como cristal. E a Fórmula 1 nunca mais foi a mesma para os brasileiros. Um baque total!

"Brasileiro só aceita título se for campeão. Eu sou brasileiro."
– Ayrton Senna

PRINCESA DE GALES – LADY DI

Vinda de uma família aristocrática, Lady Di casou-se com o príncipe Charles, herdeiro do trono britânico. Apaixonada, Diana Spencer casou-se em 1981 e jamais previu que o casamento do século fosse fazê-la tão infeliz. Afinal, o amor da vida de Charles sempre foi Camilla Parker-Bowles, uma senhora que se casou com ele após a morte trágica de Diana, em Paris.

Diana teve dois filhos, William e Harry, e viveu com Charles até a separação, em 1992. Começou uma vida errática e tinha *paparazzi* sempre à sua espreita. Nos últimos dois anos antes de sua morte, apaixonou-se por um médico paquistanês, cuja família não aceitava a união. Tornou-se grande amiga de Dodi Al-Fayed, filho do dono da Harrod's britânica. O mundo sempre acreditou que Dodi fosse seu grande amor, mas ele era apenas o elo entre Diana e o médico.

Professora de jardim da infância ao tornar-se noiva do príncipe, era tímida e reservada. Durante sua vida, foi aprendendo a ser fotografada cada vez melhor e a cativar o mundo todo. Era a "princesa do povo" e, se necessário, batia de frente com a própria rainha.

Seu trabalho na África contra as minas terrestres chamou a atenção

> Durante sua vida, foi aprendendo a ser fotografada cada vez melhor e a cativar o mundo todo. Era a "princesa do povo" e, se necessário, batia de frente com a própria rainha.

Dominio público

de várias instituições mundiais. A cada viagem fazia questão de mostrar interesse genuíno pela causa em suas visitas aos hospitais e escolas e, também, a crianças mutiladas.

Dedicava-se aos filhos de maneira diversa da família real. Os meninos iam a escolas normais, levavam amigos para o Palácio e viajavam com os pais no mesmo avião quando eram pequenos, algo que a realeza jamais faria. Kate Middleton, mulher do príncipe William e duquesa de Cambridge, continuou com o hábito, para desespero da rainha Elizabeth II (mais adiante mostraremos como ambas as princesas são diferentes, mas com muitos pontos em comum).

Diana vivia a sua imagem. Era o que o mundo queria que fosse. Sua fragilidade era cada vez mais perceptível. Durante o casamento, fez de tudo para que seu conto de fadas tivesse um final feliz. Mas tudo indicava que o Palácio de Kensington era um reino de cartas que veio ao chão e se despedaçou. A princesa do povo era uma pessoa como outra qualquer, não se dava com a sogra, a rainha; sofria de anorexia, bulimia, depressão; teve amantes efêmeros. Continuava, entretanto, sendo a mulher mais fotografada do mundo. Era uma boneca a ser consumida

> Diana vivia a sua imagem. Era o que o mundo queria que fosse.

Com John Travolta em uma de suas primeiras visitas aos Estados Unidos.

> Milhares de flores foram colocadas nas grades do Palácio de Buckingham, onde o povo se aglomerava para seu último adeus.

diária e constantemente. Uma de suas confidentes, a embaixatriz do Brasil no Reino Unido, Lúcia Flecha de Lima, e seu grande amigo Elton John tentavam ajudá-la com o que ela não conseguia mais: gostar daquela vida para "inglês ver". Quando começou a sair com Dodi Al-Fayed, o escândalo estava feito.

Dodi deu-lhe forças para seguir em frente, levando-a a viajar e a ficar com os filhos o maior tempo possível. Até aquela trágica noite de 1997. Os *paparazzi*, sempre ao seu redor, não lhe permitiam qualquer momento de privacidade que fosse. O acidente ganhou as manchetes do mundo inteiro e levou a princesa. Milhões de pessoas choraram sua morte e detestaram ainda mais Charles e, por conseguinte, Camilla, que viria a ser sua esposa logo após o acidente da princesa.

O funeral, em 6 de setembro de 1997, foi uma comoção mundial. Milhares de flores foram colocadas nas grades do Palácio de Buckingham, onde o povo se aglomerava para seu último adeus. Foi quando a rainha deixou claras as diferenças entre as duas: demorou mais de três dias para decidir que o funeral seria no Palácio e mais de um para ir até seus súditos que choravam a ausência da princesa do povo. A popularidade da realeza só foi melhorar – e muito – com a chegada de Kate Middleton ao Palácio. O seu casamento com o filho mais velho de Diana, William, trouxe frescor e vida nova para a Casa Real.

Quanto a Diana, a princesa do povo, a boneca fotografada, abandonada, consumida nos quatro cantos do mundo, ficou claro que um conto de fadas nem sempre tem final feliz e o príncipe pode ser um sapo.

145

BARBIE

Lançada nos anos 50, a boneca passou a ser o protótipo do corpo perfeito. Atualmente, há mais versões, celebrando a diversidade: negras, orientais, indianas...

Não era mais a meninada que brincava de Barbie o tempo todo, ainda que muitas já tivessem coleções do brinquedo. Mas o que era para ser uma simples boneca começou a ditar padrões de beleza a ponto de mulheres se submeterem a cirurgias absurdamente invasivas para serem... Barbies.

No Japão, um fenômeno parecido com o ocorrido no Ocidente aconteceu com as meninas de mangás. Essa tendência ficou cada dia mais forte, atingindo seu ápice na segunda década do século XXI. Falaremos disso mais à frente.

O mais impressionante dessas transformações é que os procedimentos são realizados por médicos famosos, que retiram costelas para deixar a cintura fina como a da boneca e têm em seu rosto o modelo para transformar mulheres em bonecas. Um verdadeiro festival de horrores! Um *freak show*, como dizem os norte-americanos. O que não se faz pela aparência?

Bem, começamos já há algum tempo a era da aparência, da juventude eterna, do pavor de envelhecer.

Mas o tempo é inexorável. Para todos!

A boneca que virou mulher de verdade.

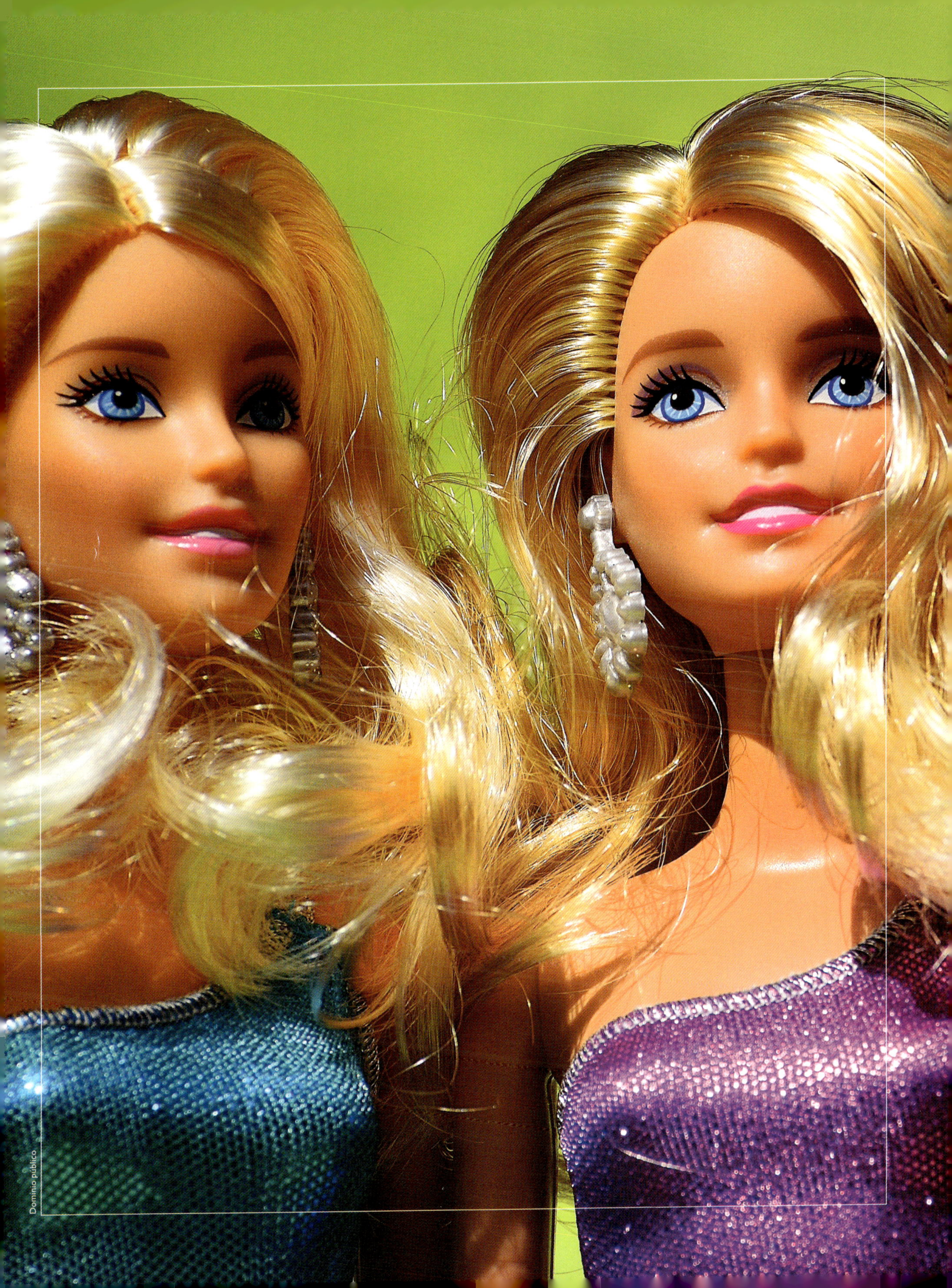

Domínio público

A *cult* Levi's 501.

JEANS ONIPRESENTE!

O *jeans*, que nunca saiu de moda, passou a ser usado por todos em quaisquer ocasiões, desde os *grunges* ao *prêt-à-porter*.

Hoje um verdadeiro *cult*, o *five pockets* – com botões, e não zíper – tinha o mínimo bolso do *jeans*, que, sim, possuía serventia: os relógios de algibeira que ainda eram utilizados nos anos 1800, já que o relógio de pulso, também uma invenção francesa, veio com a Joalheria Carter em 1914, para Santos Dumont.

Uma curiosidade: você sabia que o *jeans* nasceu na França? A peça mais democrática do mundo no vestuário de milionários, ricos e pobres começou a ser fabricada na França com o "Tecido de Nîmes", na cidade francesa de Nîmes, em 1872. Depois começou a ser chamado de *denim* para chegar a ser o *jeans*. Somente em 1873, para vestir garimpeiros na Califórnia, Levi Strauss inventou o famoso *five pockets*, com botões na braguilha (ainda não existia o zíper).

Otimismo e esperança seguiram-se ao colapso do comunismo, mas os efeitos colaterais do fim da Guerra Fria estavam só começando. Uma nova ameaça chegou: o terrorismo religioso, incubado e aperfeiçoado em alguns países do Oriente Médio, iniciou sua escalada de medo e ódio por todo o mundo e chegou ao auge com a derrubada das Torres Gêmeas, em Nova York, no dia 11 de setembro de 2001. A ameaça terrorista é hoje o maior desafio das sociedades civilizadas, que já contabilizam um sem-número de ataques, da Europa à África, das Américas ao próprio Oriente Médio.

Os países desenvolvidos experimentaram um crescimento econômico estável durante toda a década. O Reino Unido, depois de uma recessão em 1991-1992 e a desvalorização da libra, conseguiu 51 bimestres seguidos de crescimento no novo século. Até nações com menor representatividade econômica, como a Malásia, tiveram aperfeiçoamentos gigantescos. Mas deve-se notar que a economia dos Estados Unidos permaneceu sem crescimento durante a primeira metade da década.

A queda do Muro de Berlim, em 1989, deu início à reunificação da Alemanha e mostrou cruamente as distorções do comunismo. A pacificação e a união desses dois mundos tão diferentes levaram alguns anos para se estabelecer. Afinal, eram dois países em um só.

Com a reunificação e a queda do muro, o Portão de Brandemburgo tornou-se símbolo de uma Alemanha que seria a primeira economia da Europa. Berlim voltava a ser aquela cidade exuberante e agitada, como antes da Segunda Guerra.

Muitos países, instituições, companhias e organizações consideraram os anos 90 como "tempos prósperos". Politicamente, os anos 90 foram de democracia expansiva. Os antigos países do Pacto de Varsóvia logo saíram de regimes totalitários para governos eleitos. E o *jeans* reinava absoluto, com campanhas lindas e ousadas, como as da Calvin Klein, com a bela Brooke Shields, já no cinema desde os 15 anos.

Portão de Brandemburgo – símbolo da reunificação alemã.

Talvez por tudo isso, os anos 90 deixaram saudade, assim como a década de 60. A década terminou e um novo século começou. O tão misterioso século XXI, cujo *bug* do milênio, que todos temiam, jamais ocorreu. E a vida continua...

Entretanto, um fato histórico inicia a mudança para um mundo mais ameno: menos racismo e mais tolerância entre as diferenças individuais.

Começou na África do Sul e espalhou-se pelo mundo: após uma campanha para a liberdade a todos os sul-africanos, Mandela, ou Madiba, como seus seguidores o chamam ainda hoje, jamais perdendo a fé em seu movimento, amargou 27 anos na prisão por ser contra o *apartheid*. Ironia da vida: ao ser liberado da prisão, Nelson Mandela tornou-se o primeiro presidente negro da África do Sul, recebendo a faixa do último presidente a favor do *apartheid*.

Mesmo após sua morte, em 5 de dezembro de 2013, aos 95 anos de idade, Mandela continua sendo o herói sul-africano. Recebeu o Nobel da Paz em 1993 e é considerado o pai da moderna nação sul-africana.

E na moda o bom gosto voltou. É importante notar que, segundo Hugo von Hofmannsthal, escritor austríaco, "... o bom gosto é a capacidade de reagir continuamente contra o exagero".

... E O QUE ERA ONTEM...

Brooke Shields.

Mesmo com todo o sofrimento, o sorriso jamais deixou o rosto de Mandela.

Anos 2000
A chegada do século XXI

... VOLTA A SER HOJE...

Depois desse *tour* por um século e meio, os anos 2000 chegaram mais leves. Na realidade, o novo século só começaria em 2001, mas o mundo estava ávido para deixar para trás o século XX, com todos os acontecimentos que marcaram cada década, tanto política quanto economicamente.

O *streetwear* firmou-se definitivamente como a tendência das grandes *maisons*. A inspiração para criadores de todos os matizes agora vinha das ruas, mesmo com a utilização de tecidos tecnológicos de alta *performance*.

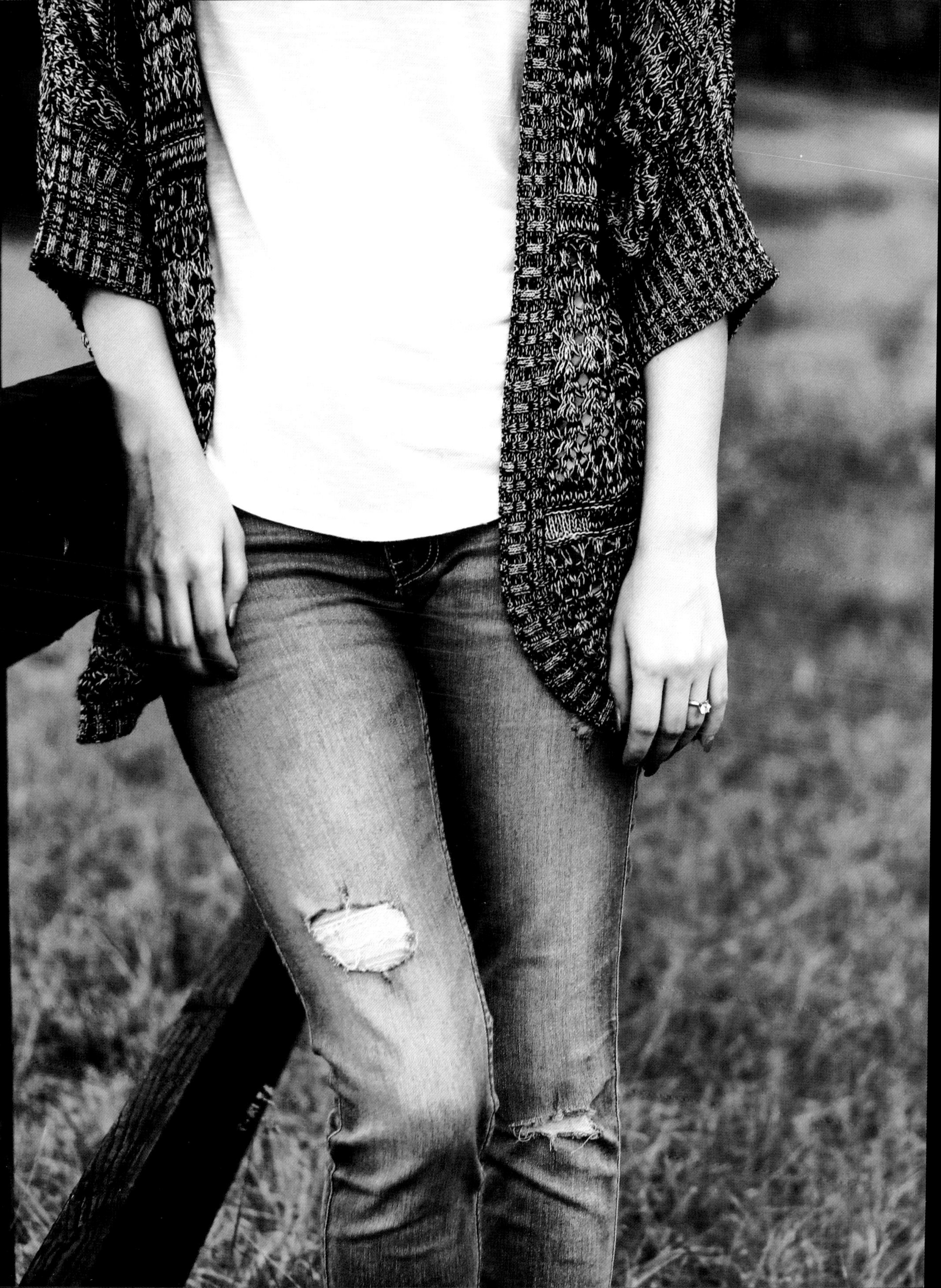

Free-Photos/Pixabay

Era como se as pessoas se libertassem e começassem uma vida nova. Mas os reflexos do século XX sempre batiam à porta.

Em 2001, precisamente em 11 de setembro, o mundo descobriu que, depois de tantas ameaças com a Guerra Fria, que durou até os anos 90, um novo inimigo, ladino, invisível, trazia pânico e medo. Naquela data, o planeta assistiu, em tempo real, à queda das Torres Gêmeas, centro financeiro do mundo. Foram sequestrados três aviões, e o Pentágono, até então uma fortaleza inexpugnável, mostrou-se frágil diante da determinação do grupo radical Al Qaeda, de Osama Bin Laden, um saudita de família milionária que os Estados Unidos haviam auxiliado para combater guerrilhas depois que a Rússia abandonou o Afeganistão à própria sorte.

Todo o bairro da área sul de Manhattan foi revitalizado para deixar apenas na memória o trágico dia. O memorial virou mais um ponto turístico da cidade, com as cascatas simbolizando a pureza.

O início do terrorismo islâmico em sua escalada global e o aparecimento do Estado Islâmico, na

Skyline de Nova York antes do ataque de 11 de setembro de 2001.

segunda década dos anos 2000, com um *marketing* muito bem orquestrado para radicalizar jovens de todo o mundo, transformaram o planeta num mundo de medo, racismo, xenofobia e radicalismo. As batalhas no Oriente Médio tornaram-se verdadeiros banhos de sangue e os jovens (ah, os jovens!) sem informação adequada radicalizam-se e voltam a seus países de origem para ataques cada vez mais sangrentos. São os chamados "lobos solitários", sem fronteiras e sem qualquer discernimento quanto às matanças.

> Era como se as pessoas se libertassem e começassem uma vida nova. Mas os reflexos do século XX sempre batiam à porta.

Memorial às vítimas do 11 de setembro, construído no lugar do World Trade Center.

Os anos 2000 começaram como a década *mash-up*, ou seja, sem estilo definido. Estilistas e *designers* de moda reciclaram estilos de décadas anteriores, colocando personalidade em suas criações. A releitura do século XX passou a ser nova *again*, em total redundância, até como marca registrada. Mesmo assim, o olhar minimalista dos anos 90 continua a ditar conceitos e inovações.

Na segunda década, a partir de 2010, voltaram ao *vintage* e ao retrô em busca dos *good old times*. Mesmo assim, a moda ficou mais colorida, do rosa-bebê às cores quentes como azul-royal, tons de amarelo e vermelho. Surgiram as coleções com cores fluorescentes.

Desde que as mulheres afastaram-se do estilo unissex, os *looks* voltaram a ser mais femininos e fluidos, como toda mulher adora.

Mulheres de todas as idades começaram a se sentir mais independentes e a deixar a opinião alheia de lado. Claro que nem tudo tinha um padrão adequado. Como sempre, os exageros eram cometidos à luz do dia, especialmente pelas mulheres que não queriam envelhecer de jeito algum. As cirurgias plásticas tiveram um *boom* entre ambos os sexos. Nunca se procurou tanto a chamada fonte da juventude.

Mas nem só de plásticas vivia a humanidade. O corpo sarado depois

Streetwear: mais conforto, mais individualismo, menos amarras com as tendências dos desfiles e semanas de moda. O jeitão descontraído perpassou por todas as gerações.

Fonte desconhecida

Desde que as mulheres afastaram-se do estilo unissex, os *looks* voltaram a ser mais femininos e fluidos. Como toda mulher adora.

dos 50 espalhou academias em cada esquina das cidades, oferecendo cada vez mais exercícios diferenciados. Tornou-se febre. E, por ironia do destino, a obesidade tornou-se um problema de saúde pública, com mais de 1/3 da população ocidental acima do peso. Paradoxal e sem precedentes.

Também nos anos 2000, a tecnologia começou a dar saltos cada vez mais rápidos, até a comunicação virtual tornar-se mais importante do que a comunicação pessoal, num mundo real.

No início dessa revolução, tudo foi visto como uma forma de tirar tanto trabalho dos ombros das pessoas e dar-lhes mais tempo e mais qualidade de vida.

Doce ilusão!

E chegamos ao ápice tecnológico, com novos distúrbios classificados pela Organização Mundial da Saúde. O sedentarismo tomou conta de adultos e crianças, que passaram a sofrer de doenças que, antigamente, eram raras para tão pouca idade: muita tecnologia, pouca conversa presencial, muita conversa virtual.

Novamente, os antagonismos tornaram-se cada vez mais visíveis: o individualismo exacerbado criou uma moda mais democrática e

Cena do filme *Barbarella* – anos 60.

A moda do século XXI é bem distante de *Barbarella*, com seus trajes de vinil futuristas. Nada disso ocorreu, felizmente.

> Nos anos 2000, a moda foi se simplificando; blusas de cor única e cabelos lisos reinavam. A chapinha era para todas e todos.

livre. Hoje pode tudo. Se formos pegar exemplos da moda do século XXI, nada é mais distante do que *Barbarella*, o filme que lançou Jane Fonda, nos idos de 1960, com seus trajes de vinil futuristas. Nada disso ocorreu, felizmente. Nada era tão cafona quanto os filmes de ficção científica do século passado.

Se o politicamente correto está em toda parte, não está, sem sombra de dúvidas, na moda, já que cada um faz a sua própria. Para tanto, é preciso aflorar a personalidade e sentir-se à vontade dentro da roupa que está vestido. Essa é a grande diferença. O individualismo serve ao menos para que cada um tenha sua atitude diante da moda, conquistando seu estilo da forma que melhor lhe convier.

Abrangendo décadas de 20 a 90, a moda atual tem de tudo um pouco: franjas, brilhos, minissaias, tubinhos, chapéus, saltos altos, plataformas, saltos baixos, sapatilhas...

Enfim, basta escolher. Hoje tudo é mais simples, mais prático, mais despojado.

Nos anos 2000, a moda foi se simplificando; blusas de cor única e cabelos lisos reinavam. A chapinha era para todos. Foi lançada a moda das calças com o joelho rasgado, que se tornou sucesso entre o público adolescente. Para o público masculino, chegam os camisões praianos, ou de única cor, e os cabelos moicanos ou pigmaleão. Ao contrário do que pensávamos nos anos anteriores, começamos a década, o século e o milênio sem estarmos vestidos com roupas espaciais.

159

O mundo contemporâneo divide-se em dois tipos: aquele dos que seguem as tendências *freak trends* e obedecem à moda cegamente, não importando se está de acordo com seu perfil – é aí que a coisa pega e vemos verdadeiras aberrações nas ruas, festas e eventos –; e aqueles dos que fazem questão de subverter as regras, tendo Estilo & Atitude.

O primeiro é o dos *fashion victims* (vítimas da moda) ou, melhor, dos que andam fantasiados com o *look* do momento. Já o segundo grupo é aquele que procura conforto, praticidade e despojamento nas roupas que veste.

Mais estilo, Menos tendências.

Atenção ao pecado do excesso. Gostar de tanta cor, como *color block*, é normal. Mas é necessário tomar cuidado ao escolher suas roupas; considere sua faixa etária e tipo físico para não cometer erros ao vestir-se. Tenha bom senso, o verdadeiro segredo de qualquer Estilo & Atitude.

E há muita novidade contemporânea com toques retrô, o que lhe dará um ar totalmente único. Se quiser conhecer um pouco mais sobre sapatos, acessórios, cabelos e tudo mais dos anos 20 até hoje, entre neste *site* <http://www.fashionretro.com>. *Voilà!*

O retrô é bacana, pois você pode apenas assimilar os acessórios: colares de pérolas, brincos indianos belíssimos, sapatos Chanel *vintage*. Enfim, pode fazer a festa de acordo com o seu estilo. Até uma saia longa pode cair bem. Afinal, as saias longas (não as indianas) não têm idade alguma.

Mas e quanto às cores? Até a Pantone indica a tendência de cada ano. Tudo bem! Se a cor tendência fica bem em você, use-a sem sustos. Caso contrário, continue com sua cor favorita.

Pouco antes da segunda década do século XXI, uma nova crise econômica tomou conta do mundo.

Mais uma vez, Wall Street e os grandes bancos norte-americanos estavam por trás da falência e da perda de bens duráveis de milhões de norte-americanos e em todo o planeta. É a crise imobiliária que pegou todos de surpresa.

Nesse contexto, o mundo começa a crescer novamente a partir de 2010 (exatamente quando o Brasil começou a descer a ladeira), e as grandes lojas foram as vedetes da moda. Com coleções de grandes estilistas como Stella McCartney para a C&A e Alexandre Herchcovitch, os magazines voltaram aos seus tempos de moda, mesmo devagar e sempre. Afinal, a moda é democrática e as grifes são para quem pode e não para quem quer.

O importante é que as mulheres continuam a procurar seu perfil *fashion* e a trabalhar sua autoestima e confiança.

Agora, o que conta de verdade são Estilo & Atitude, não importando o figurino.

É preciso ter sempre Estilo & Atitude.

É difícil ter Estilo & Atitude?

De forma alguma. O uso constante de tecidos de alta performance, o ressurgimento da moda esportiva a todo vapor e as cores fortes criaram possibilidades infinitas de estilo. Os jovens se fixaram mais do que nunca como formadores de opinião e conceito. Aliás, a moda-conceito nada mais é que cada um vestir-se do jeito que gosta e da maneira como gosta. Algumas dicas mais adiante lhe darão uma mãozinha para não errar. *Easy!*

Do tênis colorido...

... às pérolas e paetês.

Na moda dos anos 2000, as botas plataformas voltaram com tudo; mulheres alisaram a cabeleira; os *clubbers* e *emos* ganharam atenção; o All Star foi renovado em cores, estampas e tecidos diferentes (inclusive em couro); tricôs e malhas foram elevados em pedestais e o retrô foi popularizado. A silhueta e o decote passaram por anos de super e baixa valorização – oscilando conforme o ano –; os saltos altos chamados "Luís XIV" ganharam espaço novamente; a maquiagem variou entre o artístico e o usual. Diríamos que, na segunda metade dos anos 2000, a mulher e o homem passaram por uma fase de "personalidade visual", na qual predominou o gosto e não mais o "certo e o errado".

163

A moda trabalha o tempo todo com tendências e referências, sejam estas baseadas em anos anteriores ou até mesmo em inspirações abstratas, como a natureza, o tempo ou o espaço. Tivemos a releitura de peças e tecidos existentes desde o início do século XX. As tribos urbanas cresceram e algumas passaram a se respeitar e a conviver em um mesmo espaço. É evidente, no entanto, que haja algumas "regras" ou, como costumo dizer, bom senso, especialmente se você leu o parágrafo anterior. Viu como pode tudo?

Mas...

Surgiram as novas bonecas Barbie humanas, com vestidos justíssimos, curtíssimos, siliconadíssimas, cabelos platinados e com *megahair*. Ainda que elas se sintam bem com essa vestimenta, do ponto de vista da moda e da elegância, está tudo errado.

Se você não for adolescente, essa escolha será ainda pior. Lembre-se sempre de respeitar sua faixa etária e seu tipo físico.

É preciso saber dosar o conteúdo para não se perder nas armadilhas da moda. E posso afirmar categoricamente que isso ocorre muito!

Boneca...

... de verdade???

Vamos pegar o exemplo do tênis. Antigamente, nossas avós não usavam tênis. Hoje, todos usam tênis. No entanto, é preciso saber como usá-los. Nem todos os tipos de tênis podem ser usados por todas as idades. Da mesma forma que tênis com luzes no solado só ficam bem em crianças, verifique se o tênis que for comprar respeita sua idade e seu estilo.

Para cada idade, há uma série de medidas de precaução. Mas não é porque você tem mais de 40 anos que precisa ser clássica. De modo algum. Lembre-se: "não é a roupa que lhe veste, mas você quem veste a roupa".

Esse mantra deve ser praticado diariamente antes de sair de casa. Evidentemente, você tem todo o direito de, ao menos um dia, sair de cabelo desgrenhado ou despenteado, com aquele moletom velho de ficar em casa. É claro que pode! Mas isso é EXCEÇÃO! Apesar de ser confortável, não a deixará mais bem vestida e com estilo.

Muita gente pensa que o tempo é o maior inimigo das mulheres. Ledo engano. O segredo é manter-se coerente em cada momento da vida. Simples assim.

Não interessa a idade. O importante é sentir-se bem contextualizada e satisfeita com a própria aparência. Há truques incríveis para que a gente se sinta linda de viver.

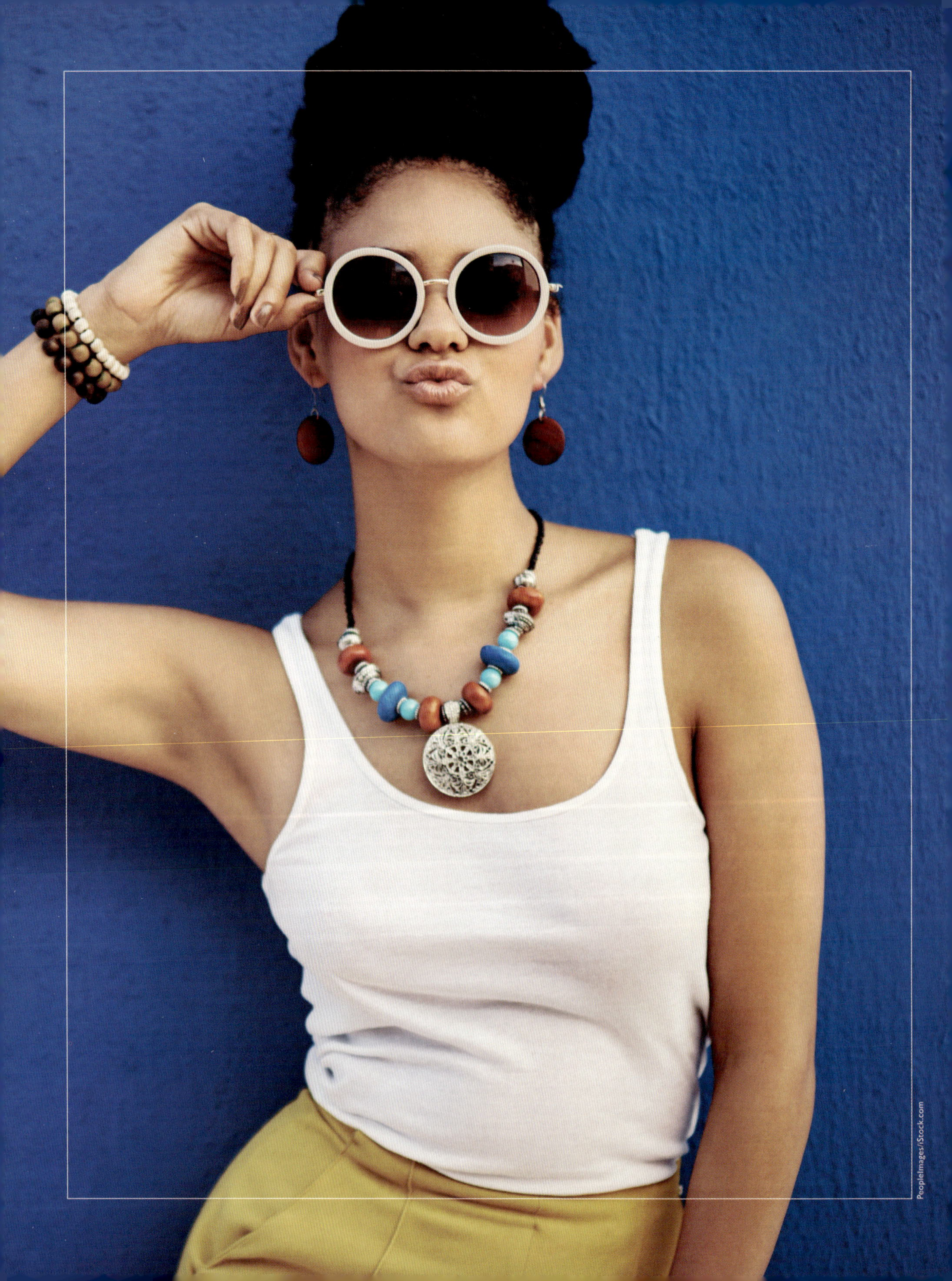

PeopleImages/iStock.com

UM TOQUE *VINTAGE* E RETRÔ

O *vintage* ganha espaço e o *fashion* é encontrar peças Chanel, Dior, Balenciaga nos brechós mais famosos do mundo, de Paris – Cour Royale – ao Recife. A volta dos imensos óculos anos 70 dá a vantagem de esconder mais da metade do rosto, especialmente se estamos desarrumadas para qualquer evento diurno. (Atenção: diurno. Não use óculos escuros à noite!)

A volta dos imensos óculos anos 70 dá a vantagem de esconder mais da metade do rosto, especialmente se estamos desarrumadas para qualquer evento diurno.

Um *case* de sucesso: sandálias Havaianas

Lançadas em 1962, as chamadas "sandálias de dedo" ou "sandálias japonesas" ficaram famosas com as campanhas de "não soltam as tiras e não têm cheiro". Usadas por pessoas de baixa renda, que trabalhavam em plantações de cana por todo o país, as sandálias Havaianas mudaram o conceito de rasteiras, aqui e no mundo.

stocktributor/iStock.com

A criação das Havaianas baseou-se no modelo japonês das sandálias Zori, aquelas com solado de palha. A peça-padrão possuía o solado branco e as tiras azuis. Não tinham nenhum atrativo *fashion*, mas seu custo era baixíssimo.

Com o sucesso, a empresa, após um ano, já vendia mil pares por dia. E as imitações começaram sua escalada. No entanto, as campanhas eram fortes; "Legítimas, só Havaianas" era o *slogan* da época. Durante mais de 30 anos, o mercado manteve-se voltado às classes de baixa renda, e a distribuição era feita em mercadinhos de bairros.

A virada começou em 1994, com o lançamento da Havaianas Top, com cores mais fortes e solado um pouco mais alto no calcanhar.

Os surfistas logo aderiram aos novos modelos de cores únicas, do solado às tiras. Começava o reposicionamento da marca.

Se Chico Anysio, nas décadas de 60 e 70, foi o protagonista das sandálias que não soltavam as tiras e não tinham cheiro, o reposicionamento no mercado precisava de outras celebridades para chegar a classes mais abastadas. Os preços subiram e as coleções pululavam – ainda hoje essa estratégia continua, com mais de cem modelos diferentes.

Inspiração para as Havaianas, as sandálias japonesas tinham o solado de palha de arroz.

Fonte desconhecida

> Os surfistas logo aderiram aos novos modelos de cores únicas, do solado às tiras. Começava o reposicionamento da marca.

Na Europa, a sandália com a bandeira do Brasil custa cerca de 40 euros, ou R$ 160,00.

Os pontos de venda começaram a ter modelos específicos para cada nicho de mercado, e cada coleção era mais divertida que a anterior. Esse novo formato de *marketing* permitiu inovações de todos os tipos, como a sandália criada pela H Stern, uma das maiores joalherias do mundo, que lançou cerca de seis pares em ouro 18K e diamantes. Um desses pares foi vendido por R$ 52 mil.

Estavam prontos o produto e a distribuição internacional. Logo depois, vieram mais modelos e o lançamento da Havaianas Socks. Talvez um dos últimos lançamentos – estão sempre inventando algo para atrair

171

o consumidor de alta renda – é a espadrille para homens e mulheres, peça *cult* para as adolescentes, que as querem de todas as cores. Com solado feito de corda, as espadrilles também ganharam o mundo. E as campanhas publicitárias, com um toque de humor, criaram a empatia entre produto e consumidor.

Just perfect!

A marca expandiu a atuação para outros itens, como toalhas, bolsas, tênis, chaveiros com a miniatura da peça e por aí vai. Há, inclusive, a Havaianas Baby, para bebês e crianças, com as mais diferentes cores e padrões, de flores a super-heróis.

Quando Gisele Bündchen e Jennifer Aniston apareceram passeando com Havaianas, a marca conquistou o mundo.

Em 2009, houve o lançamento de uma edição especial das sandálias com toque retrô e visual sofisticado, uma releitura do modelo tradicional. Os modelos femininos foram criados na cor nude metalizado. Já para os masculinos, a cor definida foi o cinza também metalizado. As sandálias eram entregues dentro de uma caixa, cuja parte interna apresentava a patente da marca e um texto cronológico que contava a sua história.

A marca iniciou sua trajetória na companhia São Paulo Alpargatas e, atualmente, a Camargo Corrêa detém seu controle acionário. Está em 80 países e sua produção é de 175 milhões de pares por ano.

> A marca expandiu a atuação para outros itens, como toalhas, bolsas, tênis, chaveiros com a miniatura da peça e por aí vai.

A espadrille veio na esteira das rasteirinhas, usadas por dez entre dez mulheres de todas as idades. Sejam elas Havaianas ou não. Outras marcas vieram atrás do nicho lucrativo e *endless*.

O sucesso do momento: espadrilles Havaianas.

Inovações, muita criatividade e pesquisas abrem caminho para um número infinito de modelos, das "joias" à borracha pura e simples.

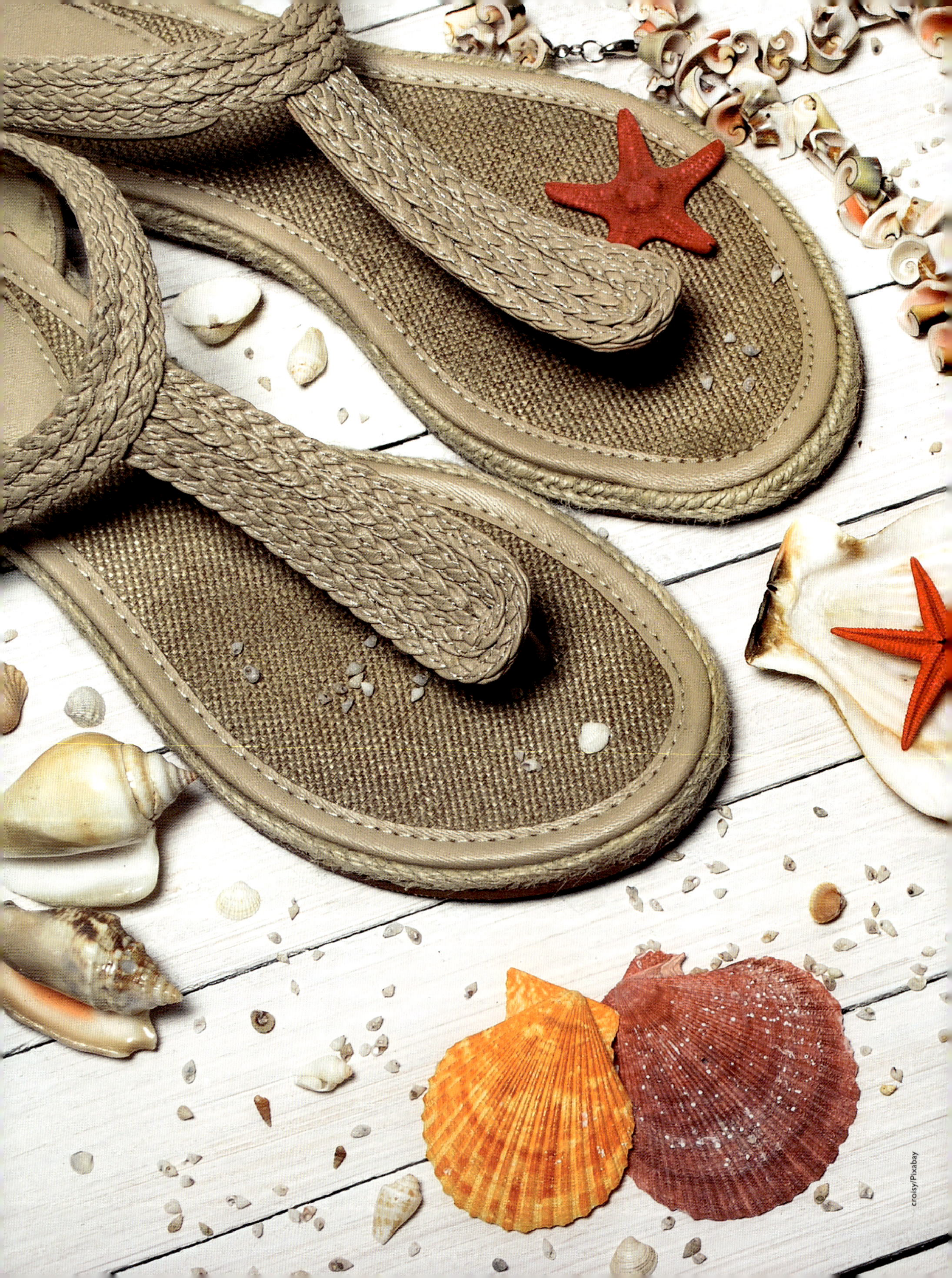

croisy/Pixabay

A VOLTA DA BIRKENSTOCK

Não foram apenas as Havaianas que mudaram de *status* e ganharam modernidade e contemporaneidade. Chamada inicialmente de "sandália de alemão" pelo seu estilo sem graça, a Birken foi criada no século XIX pelo sapateiro Konrad Birkenstock. Depois que o pai morreu, o filho Karl assumiu a fábrica e a empresa continua familiar até hoje, localizada numa pequena cidade da Renânia, na Alemanha.

Assim como a história das Havaianas e também da Levi's 501, a Birken foi desenvolvida para ser um sapato de trabalhador. No entanto, nos anos 80 e 90, os jovens que viajavam mundo afora – *backpacking* – já a usavam pelo conforto e não pelo *design*.

De repente, a Birken voltou a ser sapato de alemão e saiu de moda. Em 2015, a febre começou novamente, com um ar moderno e já com um *design* mais palatável. Uma infinidade de modelos foi lançada e não apenas os jovens, mas também senhoras usam a Birken novamente, especialmente pelo conforto.

Do brega ao moderno, a formatação de recriação da marca segue alguns passos das Havaianas. A modelo e apresentadora de *Project Runway*, Heidi Klum, já criou modelos para a Birken. Camurça, látex ou cortiça natural, a sandália ganhou *status* de *must-have*, a exemplo da calça Levi's 501 e das Havaianas. E virou febre de novo!

Como mostro em cada capítulo, a moda nada mais é que o reflexo de um momento histórico ou sociológico e tem tudo a ver com o período. Estamos na segunda década do século XXI, com crises, guerras e a *age of rage*, como os norte-americanos chamam o momento desde a posse de Donald Trump. Com tantos sonhos desfeitos, tantas ilusões quebradas, a moda pede conforto, conforto e conforto. Não por acaso, o estilo *boho chic*, que nada mais é que uma releitura dos *hippies*, os sapatos baixos e as rasteiras, voltou com tudo, *anytime*!

175

Quem é quem em *estilo & atitude*

Há dois tipos de mulheres que conseguem ter estilo próprio, atitude, confiança e aquele ar de quem sabe o que quer e quem realmente é.

A primeira categoria é composta de modelos do mundo todo e que estão sempre nas listas das dez mais bem vestidas, poderosas ou qualquer outro rótulo que as grandes revistas de moda lhes concedem. A cada ano, a revista americana *Vanity Fair* é referência para a escolha das mulheres mais estilosas e cheias de atitude do mundo. As de 2017 vêm já por aí! Enquanto isso, fiquemos com as eternas!

MiamiFilmFestival/Domínio público

Já o segundo tipo pertence às divas. São eternas e lembradas pela elegância, sofisticação e o modo seguro com que encaravam – e encaram – o mundo. Esta seleção conta com o meu bom senso e coloco apenas as mais marcantes, pois são algumas dezenas que perduram além do tempo. São eternizadas pela marca que deixaram no mundo, tanto em sua época quanto muito depois. Além de estilosas, são icônicas.

AS ETERNAS ELEGANTES...
Estilos & Atitudes diferentes, personalidades em comum

Catherine Deneuve
ATRIZ

Cinema Center Films/Domínio público

Audrey Hepburn
MODELO E ATRIZ

Costanza Pascolato
CONSULTORA DE MODA

Inès de la Fressange
MODELO CHANEL, NOS ANOS 80 E 90.
ESTILISTA, BLOGUEIRA, ESCRITORA

Gisele Bündchen
MODELO, EMPRESÁRIA,
BEM-SUCEDIDA EM TUDO O QUE FAZ

Anna Wintour
PUBLISHER - *VOGUE* - SEMPRE DE ÓCULOS
ESCUROS, NÃO IMPORTA A HORA

Diana Vreeland
EX-EDITORA DE MODA DA *HARPER'S BAZAAR* E DA *VOGUE*, ALÉM DE EXCELENTE FRASISTA E DE UM BOM HUMOR CONTAGIANTE

Gloria Vanderbilt
ESTILISTA

É mãe de Anderson Cooper, que já escreveu diversos livros sobre ela, a única pessoa que ficou de toda a sua família.

Correspondente de guerra e assumidamente gay, Cooper, além de autor do *best-seller*, é âncora da CNN. É também um ícone em Estilo & Atitude.

Ao lado, a capa do livro *O arco-íris vem e vai*, *best-seller* nº 1 do *New York Times*, um dos jornais mais prestigiados e sérios do mundo. Foi escrito quando Gloria completou 91 anos e conta a história de uma mãe e seu filho na vida, nos amores e nas perdas.

Iris Apfel
DECORADORA, NONAGENÁRIA, AINDA NA ATIVA

Ícone de Estilo & Atitude, fala que "a velhice não é motivo de vergonha, e sim de orgulho, e não há idade para mergulhar de cabeça no universo da moda". Sua marca registrada? Os óculos enormes que usa desde a década de 60.

Amal Alamuddin Clooney

Antes de se casar com George Clooney, Amal, advogada de direitos humanos da ONU, de origem libanesa, já vivia entre as celebridades. Respeitada por seu trabalho, começou a usar o sobrenome do marido pouco antes de saber que estava grávida de gêmeos. Única representante do Oriente Médio, Amal é discreta, brilhante na profissão, elegante e minimalista no vestir.

Ao analisar cada uma dessas mulheres, temos a certeza de que:

- adoram o que fazem;
- sabem ser competentes e competitivas;
- vestem-se de acordo com a idade;
- não se incomodam em repetir *looks*;
- são mulheres fortes e decididas;
- enfrentam os problemas;
- não levam dissabores domésticos para o trabalho;
- são incansáveis;
- sabem o que querem;
- medo é uma palavra que não existe no dicionário de cada uma delas;
- amam óculos enormes, para disfarçar rugas e, claro, ficar bem melhores na foto;
- deixaram ou deixarão sua marca neste tão conturbado mundo, numa indústria que permeia todas as classes, todos os setores da economia, incluindo o meio ambiente – as grifes e revistas verdes estão em todo o mundo, geram milhões de empregos, movem a economia de países desenvolvidos – França, Inglaterra, China e Estados Unidos;
- no entanto... SÃO MULHERES COMUNS!!!

HORS CONCOURS

Mesmo não estando entre as dez mais elegantes, de acordo com a revista americana *Vanity Fair*, a Duquesa de Cambridge e a Princesa de Gales, a inesquecível Diana, não podem ficar de fora dessa lista.

Kate vive como qualquer jovem de sua idade, assim como fez Diana, de acordo com seu tempo. Diana tinha sangue nobre, mas uma família complicadíssima. Kate vem de família rica, plebeia, mas conta com a união dos pais e da irmã, Pipa. Diana virou ícone e soube tornar-se um símbolo de estilo. Era tímida no início, mas sua vida efêmera terminou, como bem disse seu amigo Elton John, *like a candle in the wind* (como uma vela ao vento), símbolo de estilo, atitude e coragem.

Uma forma de homenagear aquela que se tornou uma princesa sem nunca querer e aquela que sempre quis e está no caminho certo.

> Kate vive como qualquer jovem de sua idade, assim como fez Diana, de acordo com seu tempo. Diana tinha sangue nobre, mas uma família complicadíssima. Kate vem de família rica, plebeia, mas conta com a união dos pais e da irmã, Pipa.

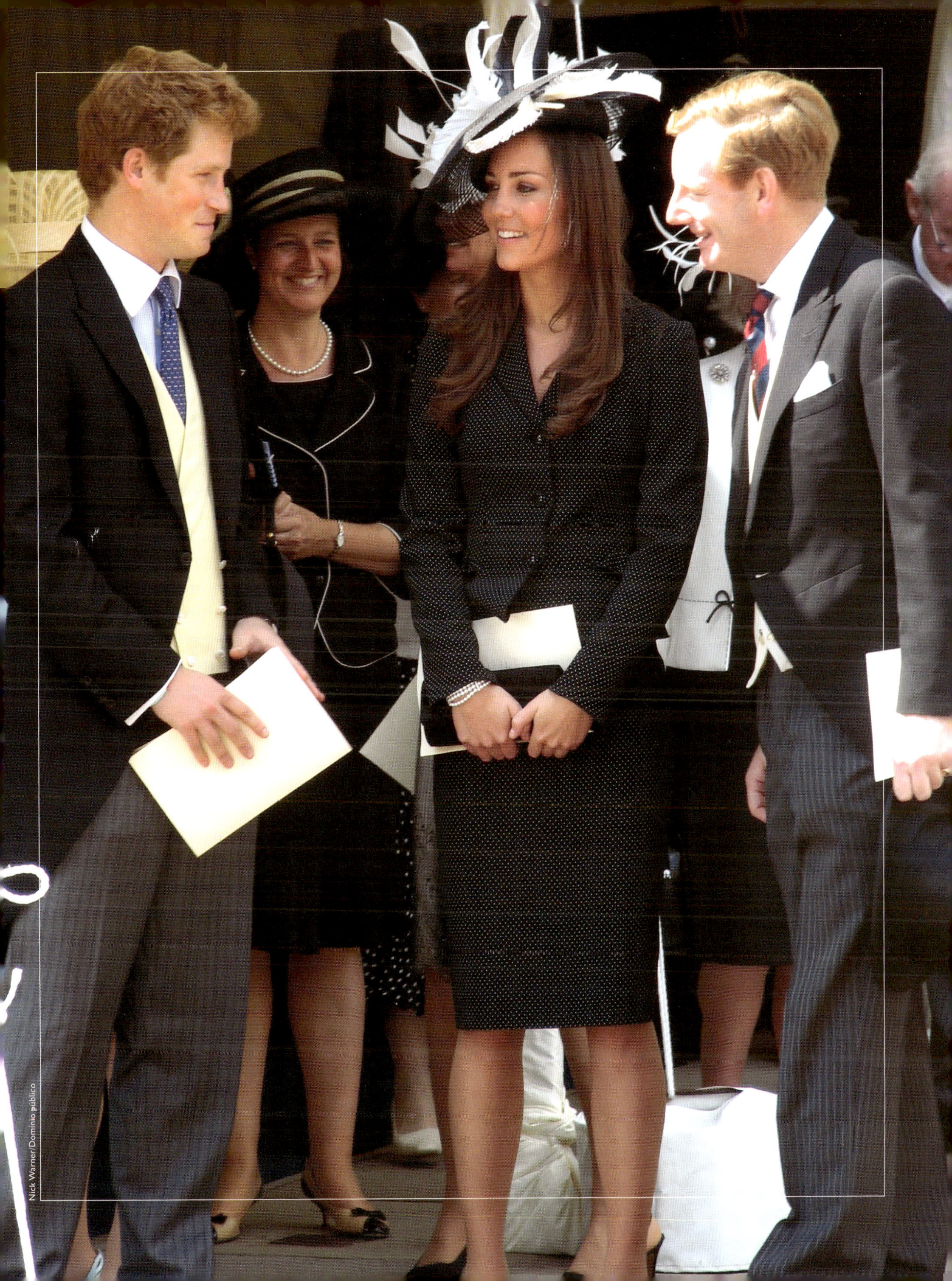

Nick Warner/Domínio público

Com que roupa eu vou?

Capítulo baseado na entrevista realizada por Clarissa Cabral, em Paris, com Cristina Córdula, para a revista *La Pensée*.

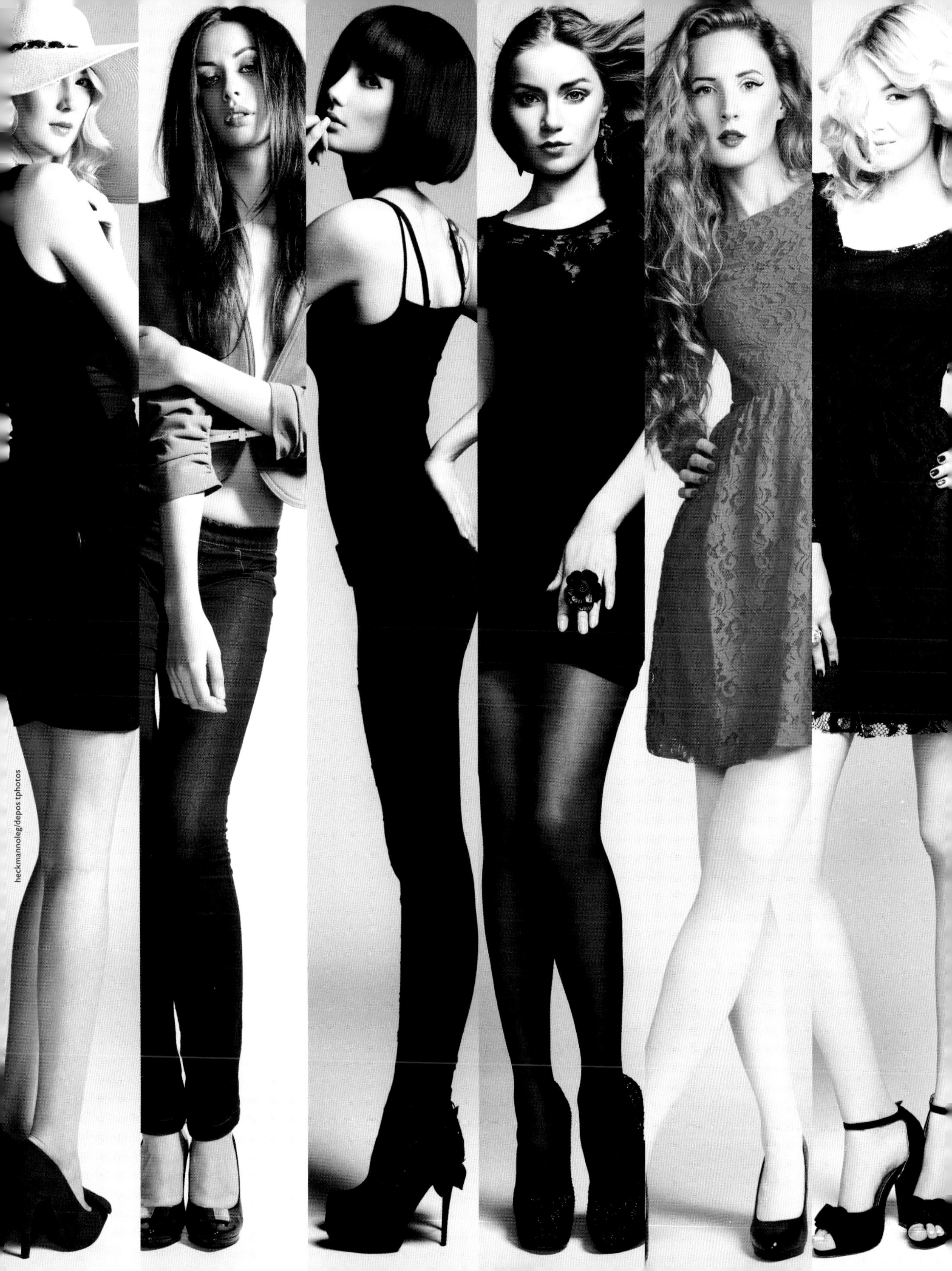

heckmannoleg/depos tphotos

AOS 20 ANOS: PODE TUDO

A mulher de 20 anos é quase uma adolescente ainda. É o momento de iniciar uma faculdade para seguir carreira ou começar a trabalhar. O seu estilo é mais descolado, mais adepto às tendências, pela própria juventude. Ela pode usar peças que hoje estão em alta e amanhã já não estarão mais. Daí, pode explorar os acessórios e as bijuterias de forma a ter sempre algo para tirar do armário e fazer acontecer.

Quanto à maquiagem, esta garota poderá ou não usá-la, mas também vale a dica: muita maquiagem deixará você mais envelhecida. Tome cuidado!

Importante: se você estiver acima do peso, utilize roupas que favoreçam o corpo que tem. Veja algumas dicas:

> O seu estilo é mais descolado, mais adepto às tendências, pela própria juventude. Ela pode usar peças que hoje estão em alta e amanhã já não estarão mais.

Evite jaqueta curta. Ela encolherá sua silhueta, dividindo você em duas partes e deixando seu corpo achatado. Prefira *blazers* na altura do quadril.

Se você tem pescoço curto, não utilize roupas de decote careca. Prefira os decotes em "V", pois alongam a silhueta.

Se você tem baixa estatura e seu tronco é proporcionalmente maior do que as pernas, sempre use calças compridas com salto e blusas na altura dos quadris.

Na sua idade pode, inclusive, usar crocs. Atualmente, apenas as meninas de 20 até 25 anos usam. E os médicos. Mas aí a história já é outra.

Muito importante: mesmo na casa dos 20, ou até antes disso, não se vicie em plásticas, nem estereótipos como a Barbie ou as meninas bonecas japonesas.

Menina boneca japonesa inspirada nos mangás, HQs daquele país.

Cabelos cacheados? Deixe-os assim mesmo, a ditadura da chapinha já foi embora. Lembre-se de hidratá-los para manter a aparência bonita e saudável.

Cabelos longos: sempre que puder, faça um rabo de cavalo bem no alto da cabeça. Lembre-se de que ele vai alongar seu pescoço curto.

Agora, o *must-have* para sua idade é o moletom largo com camisetas que mostrem a barriga. É uma vestimenta superconfortável que você poderá usar em festas, incluindo os acessórios e complementos.

Use e abuse dos acessórios grandes, brilhantes, *supercool*, especialmente das pulseiras. Mas atenção: muitas pulseiras em uma mão e poucos anéis – grandes também – na outra. Nada de colocar tudo do mesmo lado para não ficar muito chamativo.

Uma dica: esse monte de pulseiras exageradas disfarça ombros largos e seios fartos. Portanto, se você se encaixa no perfil... use e abuse.

Ou *jeans*, pura e simplesmente!

Aproveite enquanto é tempo!

Fonte desconhecida

AOS 30 ANOS

Algumas variações na forma de se vestir já são perceptíveis. Aos 30 anos, você já é mais decidida, sabe o que quer e olha o futuro de frente. Você sabe quem é! Portanto, mesmo que você ainda tenha peças dos seus 20 e tantos anos, foque e invista em peças atemporais, aquelas que durarão uma eternidade e serão sempre os coringas do seu armário. Um bom clássico, um ótimo pretinho básico, uma bela camisa de seda branca, um *blazer* mais formal, uma jaqueta leve, sapatos de salto alto e acessórios mais elegantes. Serão *bijoux* escolhidas a dedo.

É muito importante ter um *closet* eclético, pois cada ocasião define um *dress code*. Casamentos, festas em família, festas corporativas, *happy hours* (mais à frente, há o *dress code* para cada momento).

Lembre-se de que você está com tudo em cima, provavelmente tem uma carreira promissora e não deve se preocupar em errar. Use seu bom senso e seu estilo emergirá.

Além dos *dress codes* para ocasiões sociais, há aqueles para o trabalho que devem ser cumpridos à risca. Afinal de contas, mesmo passando mais tempo no trabalho, lembre-se de que você não está em casa.

> Mesmo que você ainda tenha peças dos seus 20 e tantos anos, foque e invista em peças atemporais, aquelas que durarão uma eternidade e serão sempre os coringas do seu armário.

AOS 40/50 ANOS

A partir dos 40 anos, a mulher ousa muito mais do que aos 30. Para ela, não há mais nada a perder. Já casou, teve filho, ou até já se separou. Está de bem consigo mesma. Provavelmente tem uma belíssima carreira também. Ter 40 anos é uma bagagem e tanto: filhos crescidos ou adolescentes, mais liberdade e mais segurança naquilo que quer.

Antes aos 30, hoje é a mulher de 40 anos a famosa balzaquiana: bela, cabeça aberta, antenada com o mundo e suas tecnologias. E, acima de tudo, jovem na garra e na maneira como encara a vida. Daí poder ser algo mais desconstruído, com combinações refrescantes. Investir nos clássicos e misturá-los com acessórios atuais, descolados.

E muito importante: nessa faixa etária, o menos é mais. Isso é perfeito para a maquiagem, que deve ser levíssima e natural. A maquiagem pesada envelhece a mulher. Exemplos, há no mundo todo! O tom deve ser *frais*. E nada de esconder a idade. Isso é por demais *démodé*. Deve-se trabalhar o tom da pele, as olheiras, mas nada de exageros nos lábios e olhos. Maquiagem leve e estilo despojado para esta fase da vida são o segredo. Como disse Cristina Córdula à revista *La Pensée*, "O chique *décontracté* é o caminho".

> Pode ser algo mais desconstruído, com combinações refrescantes. Investir nos clássicos e misturá-los com acessórios atuais, descolados.

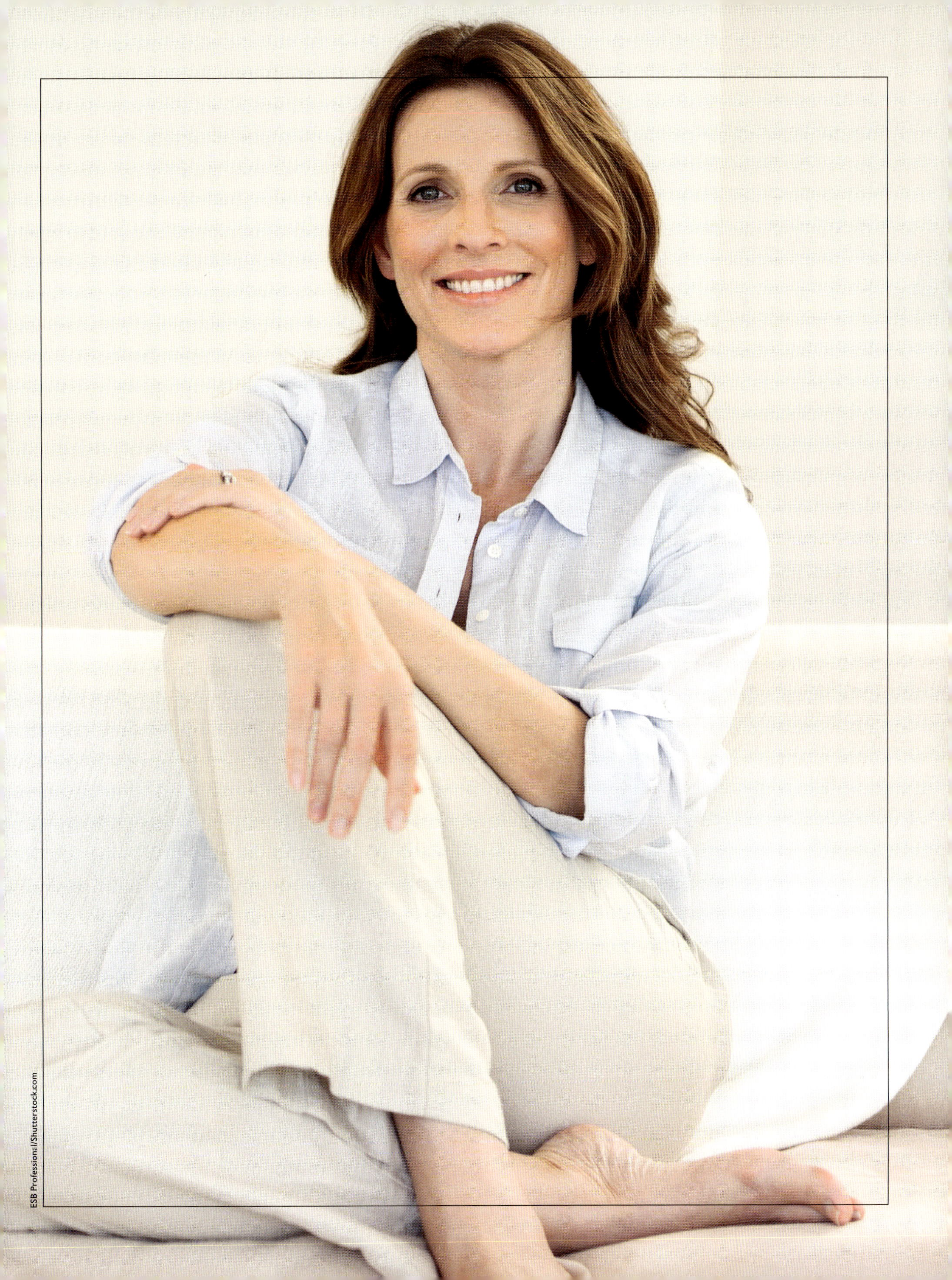

ESB Professional/Shutterstock.com

Aos 40 ou aos 50, é dever que estejamos, como os franceses dizem, "*bien dans notre peau*" – ou seja, bem com nossa pele, nossa primeira vestimenta. Daí o ditado de que você veste a roupa, e não o contrário.

Modelo da *maison* Chanel por anos a fio, Inès de la Fressange já passou dos 50. Escreveu o livro *La Parisienne* e tem uma frase famosa quando de seus 20 anos: "Tudo o que quero é uma Levi's Five Pockets e uma *t-shirt* branca". Símbolo da sofisticação, onde o menos é mais.

> Nesta faixa etária, o menos é mais. Isso é perfeito para a maquiagem, que deve ser levíssima e natural. A maquiagem pesada envelhece a mulher.

Julianne Moore – 56 anos.

Inès de la Fressange: cabelos curtos, roupa de alfaiataria, pouca maquiagem e um belo sorriso. É a mulher na faixa dos 50 anos. *Parfait!* Roupa favorita: uma Levi's 501, *t-shirt* branca e sapatos baixos. O *blazer* dá o toque *fashion*.

Inès de la Fressange – 53 anos.

Christiane Torloni, atriz – 54 anos.

Jane Fonda, atriz e ativista – 80 anos.

195

Quando o dress code não pode falhar

É divertido perceber que as pessoas, muitas vezes, não sabem exatamente o que vestir em determinada ocasião. Já em outras, ditam regras inadmissíveis, apenas porque um dia aquilo foi elegante. Por isso, aqui vão algumas dicas sobre como se vestir em algumas ocasiões.

Oleg Gekman/Shutter-tock.com

O MENOS É MAIS. SEMPRE!!!

Happy hour
Basta jogar o *blazer* nas costas e ir direto do trabalho, não sem antes passar no banheiro para retocar ao menos o batom. Concorda?

Cerimônia social
Tenue de ville, ou seja, vestido formal, sem ser longo. Outra dica: não existe esporte fino. Ou é esporte, ou é fino. Os dois juntos não dá em nada!

Casamento

A não ser que a noiva exija, nunca vá de longo. Não é festa a rigor e o único vestido a se destacar tem de ser o da noiva. Infelizmente, muitas noivas ainda querem mães e madrinhas todas de longo, não importando o horário do casamento (isso não é elegante!).

Jantar formal

A mesma vestimenta utilizada no jantar de noivado.

Jantar de noivado

A ocasião pede mais formalidade, sem exageros. Use um vestido leve e estampado com um belo *scarpin* e uma *clutch* adequada. Cabelos presos, se forem longos, ou apenas arrumados se forem curtos.

Encontros informais entre amigos

Aqui não há regras. Vá do jeito que você quiser, pois definitivamente você está em casa. Agora, não vá exagerar e usar aquele moletom cinza de estimação, velho e desbotado. Temos de nos vestir bem também para os amigos.

No mais, siga seu bom senso. Nunca falha!

Vamos ao *dress code* das profissões

ADVOGADA
Sempre de *tailleur* bem cortado (alfaiataria mesmo!), salto médio e blusa neutra. O mesmo vale para o terninho, mais prático, mas nem por isso precisa ter uma modelagem mambembe.

PUBLICITÁRIA
Como lida com criatividade e arte, seu estilo é mais despojado. E no dia do *casual wear*, pode ir de bermuda *jeans* e uma bela camiseta. Sapatilhas? Tênis? Depende. – completam o visual. Mas atenção ao comprimento da bermuda. No máximo, acima dos joelhos. A calça capri ou corsário também é uma boa pedida para o dia do *casual wear*.

Jornalista

Próxima da publicitária, pode trabalhar mais à vontade. No entanto, se tiver uma entrevista ou matéria mais formal para fazer, use saia, blusa e *scarpin* de salto médio. Lembre-se de que seu sobrenome é a empresa para a qual você trabalha. Mas se não usa saltos, escolha uma rasteirinha adequada ao seu estilo.

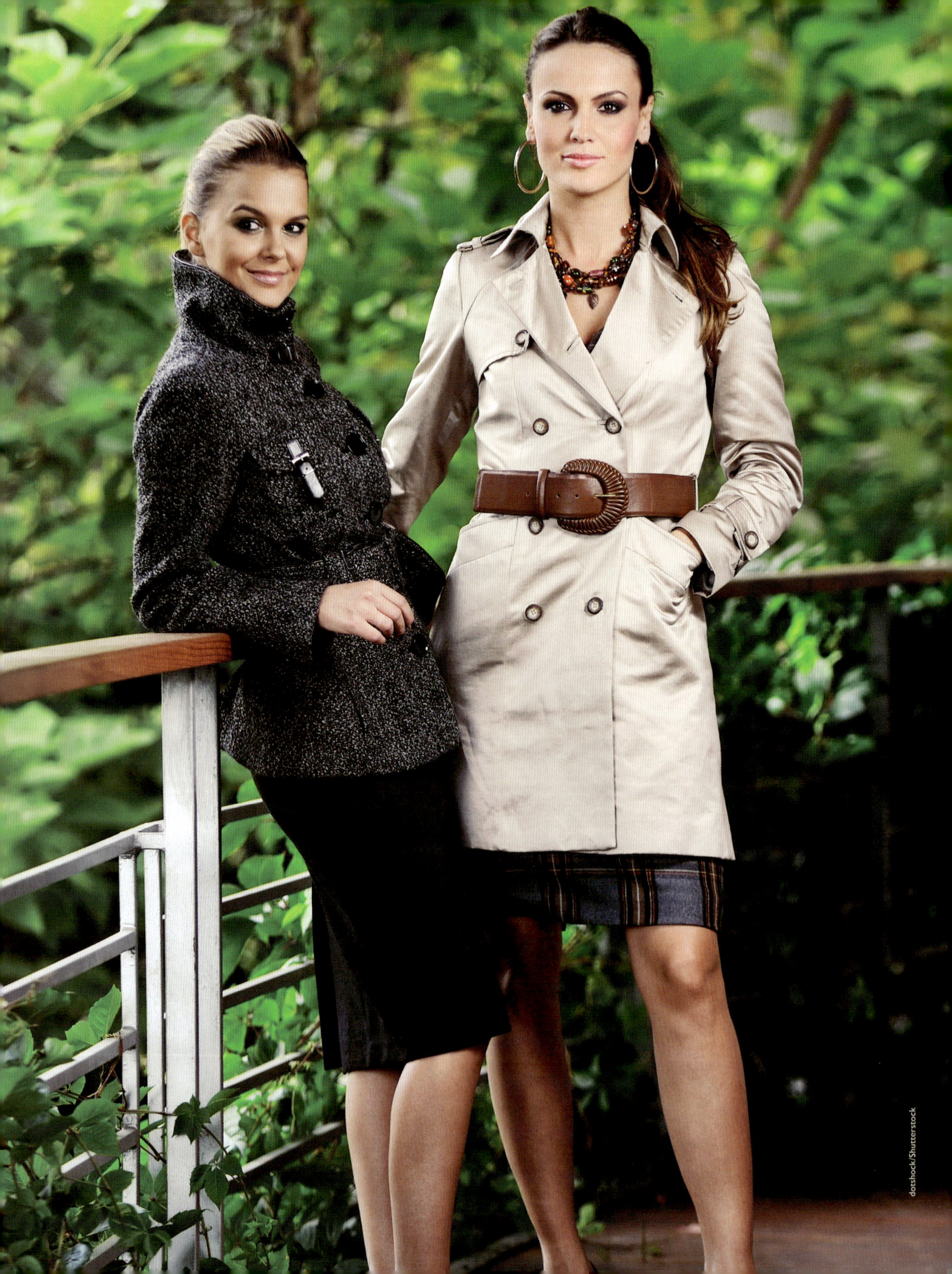
dotshock/Shutterstock

Estilista

Pode tudo, até romper com as regras mais básicas. A profissão ajuda. Afinal, você trabalha com conceitos novos e experimentação. Se joga mesmo!

Professora

O menos é mais. Para o dia a dia, calça *jeans* mais escura e camiseta leve e folgada. Tenha sempre um *blazer* à mão para uma *happy hour* ou uma reunião mais formal. Nada além disso.

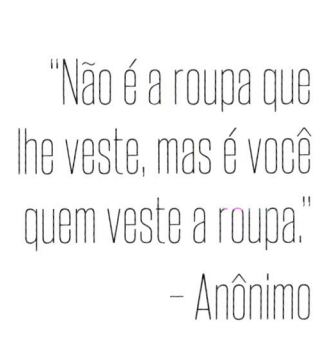

"Não é a roupa que lhe veste, mas é você quem veste a roupa."
– Anônimo

O que é certo e o que é errado?

REPETIR ROUPA É ESTILO & ATITUDE

"Repetir roupa? Eu? Jamais!"

Que pena que você pensa assim, pois está na contramão do que há de mais *fashion* no universo da moda. Repetir roupa é um conceito básico que une o que há de mais moderno e arrojado atualmente. Significa sustentabilidade, consciência no consumo. Atitude & Estilo.

As três mulheres mais poderosas do mundo repetem roupas sem a menor cerimônia, inclusive na mesma semana. São icônicas, as mais fotografadas do mundo e, claro, com preocupações mais importantes do que repetir uma peça, uma roupa, ou o *look* total. E não são apenas roupas repetidas: são sapatos, bolsas, acessórios. Isso, sim, é saber consumir com qualidade.

MaxFrost/iStock.com

DUQUESA DE CAMBRIDGE – KATE MIDDLETON

Não é de hoje que todas as revistas, *paparazzi* e qualquer outro meio de comunicação fazem o maior bafafá a respeito das repetições de Kate. Ela? Nem aí.

Alguns exemplos mostram que até os sapatos são os mesmos. E, ainda, ela gosta de fazer compras em grandes magazines, onde tudo é mais barato. Em uma das últimas edições da *Vogue America* 2016, Kate foi manchete por estar de calças Gap que custam 70,00 dólares, ou seja, 224,00 reais. Com um *blazer* mais caro com detalhes, de Stella McCartney, Kate personaliza de tal forma seus *looks* que não importa o custo da calça ou dos sapatos – muitas vezes baixo. Mesmo assim, a duquesa mantém seu estilo, quer seja com roupas caras, quer seja com roupas bem baratas, acessíveis a todas as suas seguidoras.

Aliás, sua garimpagem por pechinchas na High Street, neste verão europeu, deixou todos atônitos. E lá vai ela. Linda, leve e solta!

Mesmo vestido em dois momentos diferentes. A única diferença é a bolsa.

Reparem que o vestido de renda é bastante semelhante ao longo da página anterior. Reforma? Bem pode ser. A bolsa de croco é da grife de duas amigas da duquesa. A única joia real que Kate não tira é o anel de noivado que foi de Lady Diana, sua sogra.

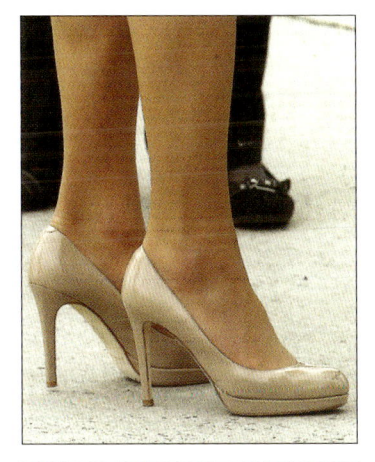

Os famosos sapatos nude da marca L.K. Bennet, que ela não tira dos pés. Custo: cerca de 300,00 reais.

Peças básicas de grifes de luxos e lojas de departamentos; mistura de joias com bijuterias: este é o estilo da duquesa de Cambridge, Kate Middleton.

ANNA WINTOUR

Considerada a mulher mais poderosa do mundo *fashion*, capaz de acabar com a coleção inteira de um estilista – torná-lo o mais novo "queridinho" –, Anna é igual ou até mesmo mais radical no quesito "repetir roupa" que Kate Middleton, se é que pode haver alguém mais charmosamente repetitiva que a duquesa.

O *site Glamurama* reproduziu o que foi motivo de "Ohs" e Ahs" sobre a poderosa Wintour. Motivo: como parece ser seu hábito, ela repetiu o mesmo vestido três vezes em uma única semana.

O modelito Carolina Herrera foi até Milão, para o desfile de Giorgio Armani; três dias depois circulava por Wimbledon e… Ufa! Ufa! Por último foi a vez de ir até Paris para o *runway* de Christian Lacroix (2008).

Sua marca registrada: os cabelos Chanel há mais de trinta anos.

Louca por Chanel, Anna tem peças e mais peças de sua marca favorita, mas nem por isso deixa de repetir algumas de vez em quando. E sapatos? Não deixa a desejar à Kate!

Ela parece preocupada? Convenhamos...

MICHELLE OBAMA

Alegre, divertida, com carreira própria (formada em Yale), Michelle Obama jamais deixa alguém sem resposta – sempre gentil! –, dança quando é solicitada e está sempre com um sorriso franco estampado no rosto. Aparentemente uma mulher comum, Michelle já se deixou fotografar com raiva de Barack Obama, em razão do episódio com a primeira-ministra dinamarquesa Helle Thorning-Schmidt no velório de Nelson Mandela. Ela não gostou e não riu para ninguém. Estilo & Atitude!

Aliás, é o que não falta às três mulheres perfiladas neste capítulo. E todas com pontos em comum: adoram repetir roupas, sapatos e não estão nem aí para quem quiser reparar.

"A primeira-dama por quem o mundo se apaixonou."
Vogue America - dezembro/2016

Depois dos exemplos das mulheres mais poderosas do mundo, você ainda vai dizer que é ridículo repetir roupas? Se assim for, você precisa rever seus conceitos, que devem estar muito obsoletos ou em curto-circuito. Vamos lá:

I. Teste sua autoestima. Olhe-se no espelho e analise se você gosta do que vê. Se a resposta for sim, já é meio caminho andado.

II. Agora você precisa treinar sua atitude: andar com passos firmes e cabeça sempre ereta. Não com arrogância, apenas confiança.

III. Com isso definido, passe a analisar seu estilo: clássico; básico; eclético; esportivo... Uma vez decidido, vá em frente. É aí que você começa a gostar de uma roupa mais do que de outras.

DESCOBRINDO A ROUPA CERTA PARA CADA TIPO FÍSICO

E, acredite, muita gente vai falar. E você? Vai estar nem aí para o que os outros falarão. Use sua roupa, seus sapatos favoritos quando quiser. Afinal, você estará em ótima companhia, não acha?

Há algum tempo, tive um programa na TV Globo, todas as quintas-feiras, no NEI, durante quase dois anos. O programa fez um sucesso tremendo e irei continuá-lo aqui.

Poucas vezes, a empresa de assessoria de imprensa oferece também o serviço de *personal stylist*. Esta era a minha função no programa *Certo & Errado*: dar dicas do que é bacana e do que é péssimo, dependendo sempre de seu tipo físico. Assim, vamos lá.

CERTO *VERSUS* ERRADO

Perfil longilíneo

Quando se tem um perfil longilíneo, é mais fácil escolher as roupas. Ainda que erre e se vista de modo a cortar a silhueta ou com uma roupa que a achate, não prejudicará tanto seu perfil.

> A calça *jogger* está em todos os lugares. Você pode usá-la com saltos altos, plataformas ou mesmo com rasteiras. Fica bem com qualquer tipo de sapatos. ✓

✓ Use vestidos longos e pantalonas. Evite o visual monocromático, que alonga ainda mais sua silhueta.

A única desvantagem de ser uma mulher alta é que a confecção das roupas brasileiras não é feita para essa estatura. Há muita dificuldade ainda para encontrar blusas e calças que não fiquem curtas no seu corpo.

✓ Jaqueta vermelha em três diferentes *looks*.

Perfil *plus size*

Se estiver acima do peso, nem todos os tipos de camiseta cairão bem em você. Evite blusas justas e *baby looks*, que tendem a apertar os braços e a barriga, deixando-os maiores. As camisetas *oversized* são *fashion* e você pode abusar delas, assim como calças *boyfriend*, mais largas e adequadas ao seu perfil.

Blusas com manga soltinha e ¾ também são ótimas opções. Conheça seu corpo e valorize suas qualidades.

Use a maquiagem a seu favor também. É possível afinar seu rosto utilizando tons de marrom abaixo das maçãs. Há vários tutoriais no YouTube sobre maquiagens para quem está acima do peso, não hesite em consultá-los para ficar mais bonita.

✖ Britney Spears emagreceu, mas está vestida de maneira inadequada, mesmo para uma estátua de cera. Vestido muito curto, muito decotado, muito brilho, muito tudo. Uma verdadeira "Miss Sunshine". Não adianta ser linda se você não tem estilo! Nem Britney, nem anônimas devem usar vestidos curtíssimos e decotados demais, seja em festas, no trabalho ou no cotidiano.

✓ A atriz Queen Latifah sempre foi gordinha. Mas veja como ela acertou, mesmo com um terninho branco. Sapatos nude completam o visual *clean*. O *blazer* abaixo dos quadris a emagrece. Perfeita no tapete vermelho!

Perfil de baixa estatura

Utilize roupas monocromáticas, pois alongam sua silhueta.

Evite saias mídi ou abaixo dos joelhos, que "encolherão" seu corpo. Evite também usar calças que o tecido acumula na barra (faça sempre a barra de acordo com sua altura); barra dobrada também achata a silhueta.

✓ Eva Longoria tem apenas 1,57m. No tapete vermelho vira gigante!

STREETWEAR

✗ Somente em passarelas e campanhas esses exageros podem ser cometidos. Nas ruas, jamais!

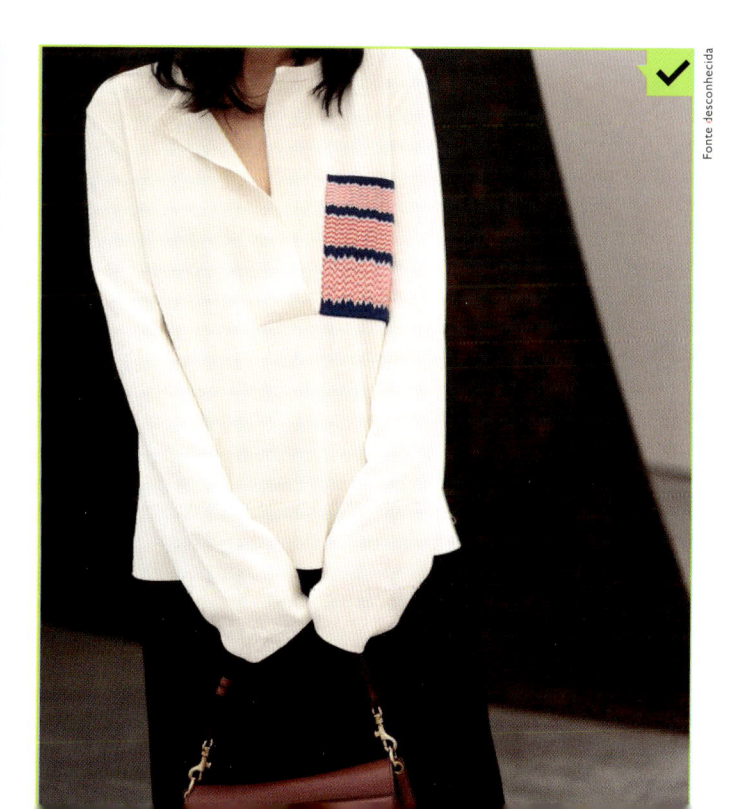

✓

Oversized é uma boa escolha para qualquer tipo físico.

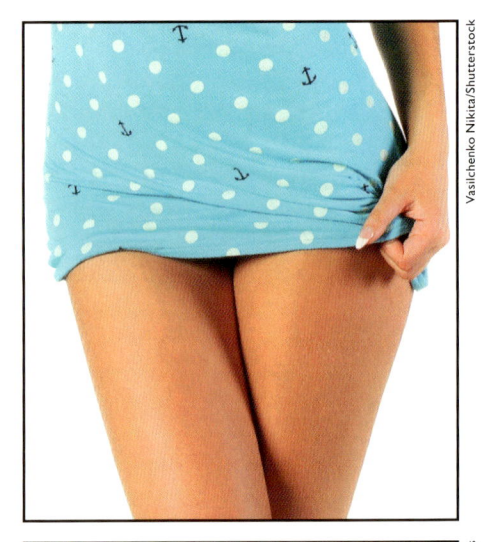

Errado para mulheres acima dos 40 anos. Certo para as jovens, desde que o ambiente seja informal.

SAPATOS

Como saber se você está elegantemente confortável...

... ou parecendo uma árvore de Natal?

PERSONAL STYLIST

Muitas vezes, quando vamos às compras, acabamos adquirindo roupas que nada têm a ver com nossa personalidade e estilo. Dinheiro gasto em vão, pois você jamais usará essas peças. Parece que elas não lhe caem bem, você fica desconfortável e insegura.

Segundo Wanda Nylon, uma das mais novas e criativas estilistas francesas, o segredo é o conforto que traz elegância e não a "fantasia", como ela mesmo chama o que costumamos dizer "está vestida como uma árvore de Natal", ou seja, *superover* (redundância aqui é válida).

Uma *personal stylist* pode fazer toda a diferença. Seu trabalho começa com o planejamento de um guarda-roupa básico de acordo com seu perfil – que ela já terá após algumas entrevistas informais.

Como saber se a *personal stylist* vai acertar?

Bom, para começo de conversa, ela é uma especialista que veste gente normal, com vida normal e que precisa estar de bem consigo mesma. A *personal stylist* deve refletir o que ela acredita. Se você a considera elegante, charmosa e confiante naquilo que diz, ponto para a profissional.

Outra dica para saber se você está com a *personal stylist* que vai fazer de seus sonhos realidade, sem custos extraordinários: basta perguntar o que ela acha das grandes lojas como Riachuelo, Renner, C&A. Se a resposta for positiva, ponto para ela. Ela sabe que as grandes lojas têm produtos de qualidade para todos os gostos. Sabe também que grandes estilistas fazem coleções especialmente para elas, no Brasil, na França, na Inglaterra e nos Estados Unidos.

Misturar peças de grife com peças de grandes magazines é, sem dúvida alguma, sinônimo de conhecimento do mundo *fashion*.

E tem mais: se você não gosta de sapatos de salto alto, o que ela fará? Pode ter certeza de que seus sapatos serão confortáveis, possivelmente com saltos de até 4 cm e mais grossos, de forma a lhe dar o tal conforto e elegância necessários.

E, finalmente, mostre a ela seu *closet* ou guarda-roupa. Se ela começar a mexer e a dizer – sem que você pergunte – o que lhe fica bem e o que você deve dar um fim, contrate-a na hora. Essa *personal stylist* é ótima e vai deixar você satisfeita com os resultados.

Afinal, todas queremos ter Estilo & Atitude sem perder nossa personalidade. Esse é o grande segredo de uma verdadeira profissional da moda.

ALGUMAS BOAS DICAS DE CERTO *VERSUS* ERRADO II

O chamado *streetwear* nada mais é que um estilo básico com charme e elegância. Dependendo do estilo – *streetwear* também tem estilo –, você pode usá-lo no trabalho até em um jantar informal. É mais fácil acertar que errar. Confira.

O certo...

Tubinho preto: um clássico que pode ser usado de diversas formas. Com jaqueta; *blazer*; rasteiras; scarpins; *bijoux* extravagantes; singelas; com *pashmina* e com o que você quiser e inventar!

Acessórios corretos, floral no casaqueto e *ankle boots* fazem o *look* mais jovial. Perfeito!

Perfeito!

Angelina Jolie: clássica, chique, elegante e com Estilo & Atitude.

Amal Clooney: elegantemente simples!

... e o errado

Veja as barbaridades dos *looks* de Kim Kardashian. Roupas apertadas demais que, além de engordá-la, são inapropriadas em várias ocasiões.

Exageros.

223

Considerações finais

Conservador, clássico, moderno, ousado, jovial e velho. São apenas palavras quando se trata de Estilo & Atitude. Pode-se estar coberta com grifes maravilhosas e algumas centenas de milhares de dólares sobre o corpo, mas é possível, sim, que uma pessoa passe absolutamente despercebida. Da mesma maneira, o inverso pode acontecer. Digo até que é mais provável alguém estar vestindo roupas de lojas de departamentos, como as grandes C&A ou JC Penney, e ter a atitude de "chegar chegando".

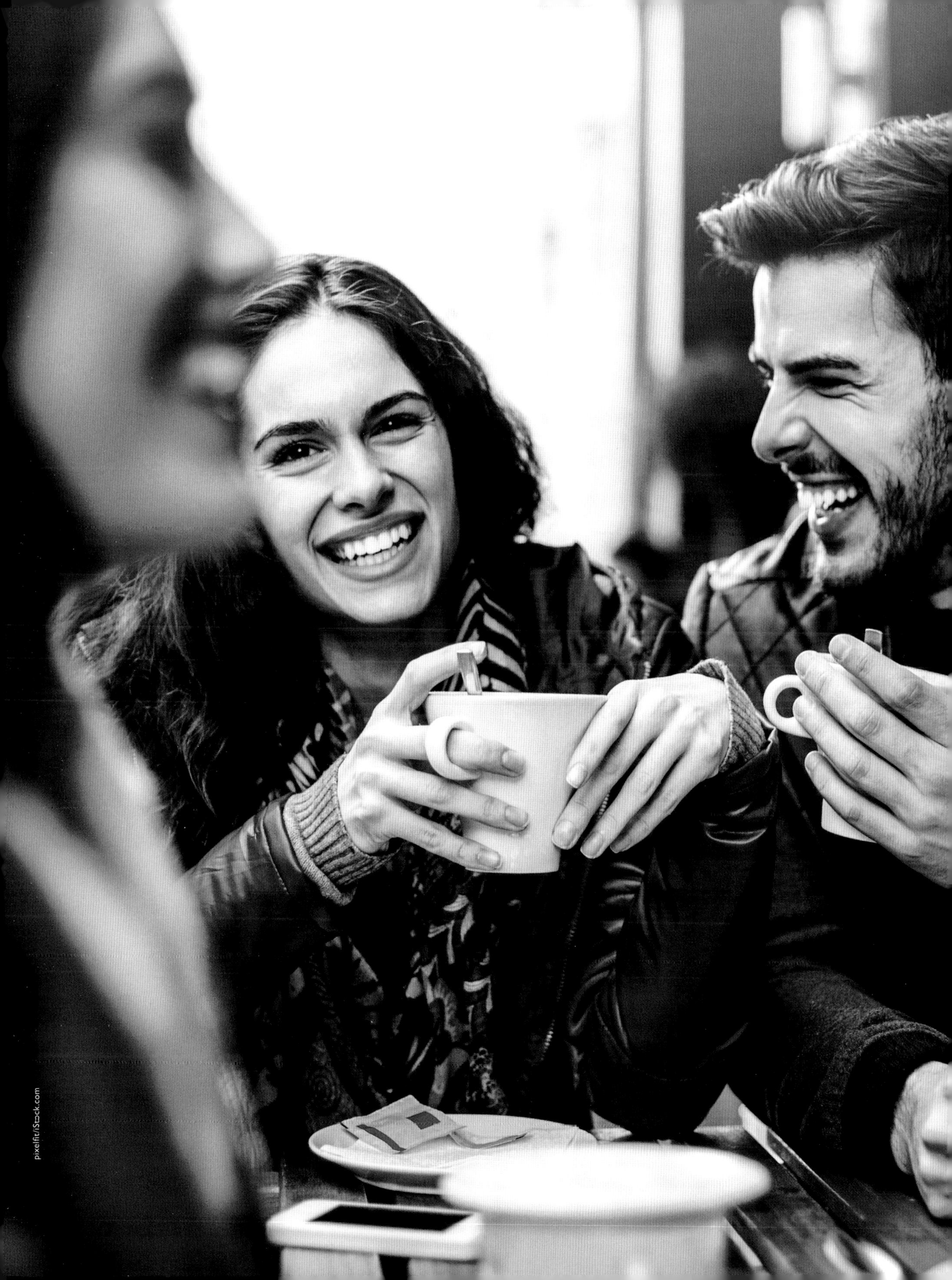

pixelfit/iStock.com

O motivo para essa idiossincrasia é exclusivamente psicológica: trata-se de autoestima, de gostar do que se vê no espelho, de disfarçar os defeitos e destacar as qualidades. Trata-se de sorrir mais do que franzir a testa, conversar mais do que julgar as pessoas. Brincar em vez de brigar. Convergir antes de divergir. Respeitar as diferenças.

Ser feliz! Lembrando sempre que felicidade é sinônimo de paz de espírito e não tem nada a ver com consumismo, materialismo, venalidades cotidianas que muitas vezes nem percebemos.

Assim, por associação, ter estilo é ser feliz! Porque quem está em paz transborda seu interior e assume atitudes que fazem o estilo aflorar. É quando você "chega chegando".

Portanto, nada é mais simples do que criar o seu Estilo & Atitude!

Boa sorte com você mesma, pois será daí de dentro que o seu estilo sairá da concha!

"Aquela ditadura do guarda-roupa, que você corria para comprar, usava para acompanhar e doava ao passar, já era; faz isso quem se acomoda no Seguir e não se movimenta no Ser."
– Lu Morazzi

Isso é estilo! Isso é atitude! Simples assim!

O LUXO, SEGUNDO VOLTAIRE

Mesmo nas páginas finais, entendo que não se pode fechar esta viagem pelo tempo. O motivo é simples: a cada novo movimento, novas atitudes, novos estilos e novos hábitos surgem, num movimento incessante e infinito. Mas deve-se saber onde parar. Encerro, então, com um estudo sobre o poema "Le Mondain", de Voltaire, que já na década de 1730 dizia que o supérfluo é algo necessário, desmistificando a ideia de "luxo".

« *Le superflu, chose si nécessaire.* » – VOLTAIRE

Aujourd'hui, nous avons décidé de vous parler du luxe.

Ce terme contrairement à ce qu'on pourrait penser ne vient ni de lux, la lumière ni (et encore moins) de luxuria la luxure. Etymologiquement il vient en réalité du latin luxus qui signifie l'abondance et le raffinement.

Ainsi le luxe évoque ce que l'on peut posséder et qui va au-delà de nos besoins primaires. Toutes ces petites choses apparemment superflues mais qui, au-delà de la simple survie, nous permettent de vivre pleinement. Les petits luxes tous simples du quotidien font que la vie vaut la peine d'être vécue.

D'une certaine manière, c'est également ce qui permet à l'homme d'évoluer par un mouvement allant de l'exigence vers l'excellence. Cela lui a par exemple permis de bâtir des monuments, de produire des œuvres d'art ou encore de développer son sens de la gastronomie.

Hoje, decidimos falar de luxo.

O termo, contrariamente ao que se pode pensar, não vem de *lux* (luz) e muito menos de *luxúria*. Etimologicamente, luxo vem do latim *luxus*, que significa abundância e sofisticação. Dessa forma, o luxo evoca o que se pode possuir e que está muito além das nossas necessidades básicas e primárias. Todas essas pequeninas coisas, aparentemente supérfluas, mas que estão além da simples sobrevivência, nos permite viver plenamente. Os pequenos luxos do dia a dia, simples e corriqueiros, fazem a vida valer a pena ser vivida.

De certa maneira, é exatamente o que nos permite evoluir para algo, como um movimento que nos leva de uma simples exigência à pura excelência. É a procura da excelência que fez com que os homens criassem os monumentos, produzissem as obras de arte ou mesmo desenvolvessem seu senso gastronômico.

Cada pessoa pode viver o luxo conforme sua ansiedade. Para alguns,

Chaque personne peut vivre le luxe à sa manière en fonction de ses envies. Pour certains il s'agira de posséder un objet d'art ou une belle voiture, pour d'autres il s'agira de prendre le temps de se détendre au milieu d'un quotidien trop actif et pour d'autres enfin, le luxe sera tout simplement de s'offrir un bon repas avec des amis autours de plats de qualité.

Tous ces petits « superflus » nous servent à tous de soupape au quotidien et permettent de faire plaisir ou de se faire plaisir. On peut ainsi se dire que c'est pour ce genre de moments, qu'on se donne du mal pour avancer, c'est une récompense aux efforts fournis. Et on aurait tort de s'en priver.

En ce mois de mai, riche en jours fériés, je vous souhaite donc de bien profiter de vos temps libres et de ne pas hésiter à vous permettre un petit luxe de temps en temps. Prenez le temps de vivre et offrez-vous par exemple le luxe d'un bon apéritif entre amisautour de pâtes d'olives, terrines et rillettes 3envies. Profitez de l'instant présent. Vous le méritez bien.

é necessário possuir uma obra de arte ou um belo carro. Para outros, apenas ter um tempinho para relaxar diante de um cotidiano tenso, corrido e completo de compromissos. E, para outros, por fim, o luxo é simplesmente oferecer um bom jantar aos amigos em torno de uma cozinha de qualidade.

Todos esses pequeninos "supérfluos" nos servem de válvula de escape ao cotidiano e nos permitem dar ou ter prazer. Assim, podemos dizer que é por esses pequenos momentos que avançamos com maior leveza, deixando de lado os problemas. Não deixa de ser uma recompensa pelo esforço realizado. E ninguém terá coragem de se privar disso.

Há meses com mais feriados. Mais tempo para relaxar, para sorrir, para não fazer nada. Tempo exclusivamente para você. Aproveite o seu tempo de vida e lhe ofereça, por exemplo, o luxo de um bom aperitivo, patês de azeitona, enfim, o que lhe der mais prazer. Aproveite o presente. Você bem que merece!

LAGARDE, M. André; MICHARD, M. Laurent. *Livres des textes de l'Alliance Française* – des années 60/70.

O luxo real, *in the end*, tem tudo a ver com as ideias de Voltaire e com a simplicidade de Chanel. Tão simples que virou luxo!

O que acham?

Ao menos para mim, isso simplesmente é ser você. Isso é luxo!

> "A cada dia em que mexo neste livro, quero chegar mais e mais perto da perfeição, mas é impossível. Se assim fosse, nada seria publicado."
> – Cardeal Newman (1801-1890), ex-anglicano, norte-americano

AGRADECIMENTOS

O que começou com pesquisas para novas ideias e criações para minha empresa de consultoria de imagem, pessoal e corporativa, foi tomando novos rumos. À medida que eu abria novas portas, o conhecimento tornava-se mais e mais premente. Foram pesquisas históricas, sociológicas, políticas para que o mergulho nos séculos XIX e XX pudesse me levar a me aprimorar num mundo fascinante, onde absolutamente nada é por acaso. É a economia que traça o perfil político que define as necessidades dos cidadãos, as quais precisam ser saciadas socialmente por novos costumes e hábitos. Uma corrente que vai somando e multiplicando caminhos e soluções, num movimento constante e ininterrupto.

É evolução.

É conhecimento.

É caminho sem volta.

A cada nova pesquisa, novas rotas de pensamento. Finalmente, a síntese:

O estilo define as atitudes. Nas artes.

No conhecimento.

No espírito.

Na vida!

E, por esta trajetória, agradeço aos jornalistas Felipe Durand, meu querido amigo, sempre muito crítico com meus excessos. Minha gratidão vai também para minha assistente e amiga, Ana Cláudia Maranhão.

Várias outras pessoas me auxiliaram e se agregaram ao longo do processo. Agradeço aos jornalistas e escritores Marco Polo Guimarães, Klester Cavalcanti e Kaíke Nanne pela análise do conteúdo e da forma. Ao Professor Doutor Fernando Campello, da Universidade Federal de Pernambuco e professor convidado das Universidades Columbia, Estados Unidos e Canadá, pelo enorme incentivo, com ideias e atitudes que muito me enriqueceram.

Obrigada à editora substituta Diana Szylit e ao diretor da Labrador, Daniel Pinsky.

Não poderia deixar de expressar minha total gratidão a Beatriz Simões, minha editora, minha tranquilidade e minha filha postiça. Sua dedicação e carinho jamais serão esquecidos. Eterna gratidão à Bia, que tem a maior paciência do mundo, e ao Caio Cardoso, esse querido menino lindo e talentoso que conseguiu traduzir o que eu tinha em pensamento sobre a estética de *Estilo & Atitude*.

Pacientes também foram a Vivian Tarallo, da Getty Images Brasil, incentivadora e pesquisadora das melhores fotos deste livro. E, *last but not least*, meus pais, Jorge e Aida. Foi na casa deles, em Agudos, interior de São Paulo, que finalizei *Estilo & Atitude*, fechada e "incomunicável" no escritório do andar de baixo.

Gratidão eterna a todos.

REFERÊNCIAS
Referências bibliográficas

BAUDOT, François. *Chanel*. São Paulo: Cosac Naify, 2000.

CALANCA, Daniela. *História social da moda*. 2. ed. São Paulo: Senac, 2008.

COOPER, Anderson. *The Rainbow Comes and Goes*. Nova York: New York Times, 2016.

ELMAN, Débora. *Jornalismo e estilos de vida*: o discurso da Revista *Vogue*. Programa de Pós-Graduação em Comunicação e Informação – Universidade Federal do Rio Grande do Sul. Orientadora: Professora Dra. Marcia Benetti. Porto Alegre, março de 2008.

ESTUDO de Caso Havaianas – pesquisa Havaianas: com o mundo a seus pés. HSM Management 48 janeiro-fevereiro, 2005.

GACHET, Sophie. *A Parisiense* – o guia de estilo de Inès de la Fressange. Tradução: Adalgisa Campos da Silva. Rio de Janeiro: Intrínseca, 2011.

JONES, Caroline. *Kate Middleton* – estilo e elegância do maior ícone da realeza. São Paulo: Prata, 2013.

KALIL, Glória. *Chic Homem –* Manual de moda e estilo. São Paulo: Senac, 2008.

_____. *Chic*. São Paulo: Senac, 2011.

LOBO, Renato Nogueira; LIMEIRA, Erika Thalita Navas Pires; MARQUES, Rosiane do Nascimento. *História e sociologia da moda –* evolução e fenômenos culturais. São Paulo: Saraiva, 2014.

MARLON, Luiz Clasen Muraro. *O ethos no discurso publicitário das sandálias Havaianas*. São Paulo, v. 2, n. 1, p. 57-67, 2003.

MEYLAN, Vincent; FRASER-CAVASSONI, Natasha; MARCOWITH, Martine. Coleção Chanel. 3 vol. Nova York: Assouline, 2008.

NEOTTI, Carolina; OLIARI, Deivi Eduardo; AZEVEDO, Leandro Xavier. *As relações públicas na construção de marcas*: o caso Havaianas. Centro Universitário - Leonardo da Vinci, 2005.

REVISTA *on-line The Talks –* entrevista de Pierre Bergé, 2012.

REVISTAS *Harper's Bazaar America.*

REVISTAS *Vanity Fair.*

REVISTAS *Vogue America* e *Vogue Brasil.*

RODRIGUES, Brenno Anderson Azevedo. *Sandálias Havaianas*: do pobre ao nobre. Universidade Federal da Paraíba, 2005.

WEBER, Caroline. *Rainha da moda*: como Maria Antonieta se vestiu para a Revolução. Rio de Janeiro: Zahar, 2008.

Outros materiais

Documentário *L'amour Fou*, de Pierre Torrent – Yves Saint Laurent e Pierre Bergé. TV 5 Monde, 2010.

Sites consultados

Alpargatas. Disponível em: <http://www.alpargatas.com.br>.

DW. Disponível em: <http://www.dw.com>.

Havaianas. Disponível em: <http://www.havaianas.com/>.

Pinterest. Disponível em: <https://br.pinterest.com/>.

TeleGlobo. Disponível em: <https://teledramaturgiaglobo.wordpress.com/>.

SOBRE A AUTORA

Mônica Ayub, jornalista, empresária e assessora de comunicação corporativa, tem mais de 30 anos de experiência no mercado, tanto em veículos de comunicação quanto em grandes empresas multinacionais como Microsoft, Shell do Brasil, Caixa Econômica Federal, Natura e outras.

Integrou a primeira turma de repórteres do jornal *Folha de Pernambuco* com uma coluna cultural, abordando os mais variados assuntos da área. Depois de ter atuado como repórter da TV Globo Nordeste, lançou o programa "Certo e Errado", integrante do telejornal *NETV – 1ª Edição*, mudando o formato de matérias de moda na televisão regional.

Pioneira na Comunicação Corporativa privada no estado de Pernambuco, iniciou sua primeira empresa, a M&P Assessoria de Comunicação Corporativa, em 1987. Depois, vieram a Officina de Promoção, em 1990, e a L&M Eventos e Produções, em 1997, que continua atuando no mercado regional do Norte e do Nordeste até hoje.

FOTOS E ILUSTRAÇÕES

Acervo próprio, Dreamstime, Estadão Conteúdo, Fashionstock.com, Flick.com, Folhapress, Getty Images, GraphicStock, Istock.com, NaFilaA, Pixabay.com, PublicDomainPictures, Revistas *La Pensée*, e Shutterstock.

NOTA DA AUTORA

O livro utiliza algumas imagens retiradas da internet de domínio público. No entanto, o domínio público pode ser relativizado, e pode acontecer ocasionalmente de alguma imagem não possuir créditos. Peço então que, se você for dono de alguma imagem que publiquei neste livro, entre em contato comigo. Obrigada.

Mônica Ayub